PRAXIS ideen

Schriftenreihe für Bewegung, Spiel und Sport

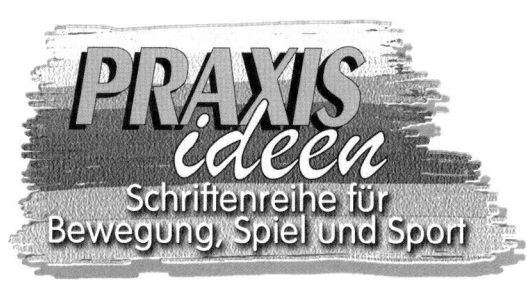

Koordinativ-Orientierte Sportarten

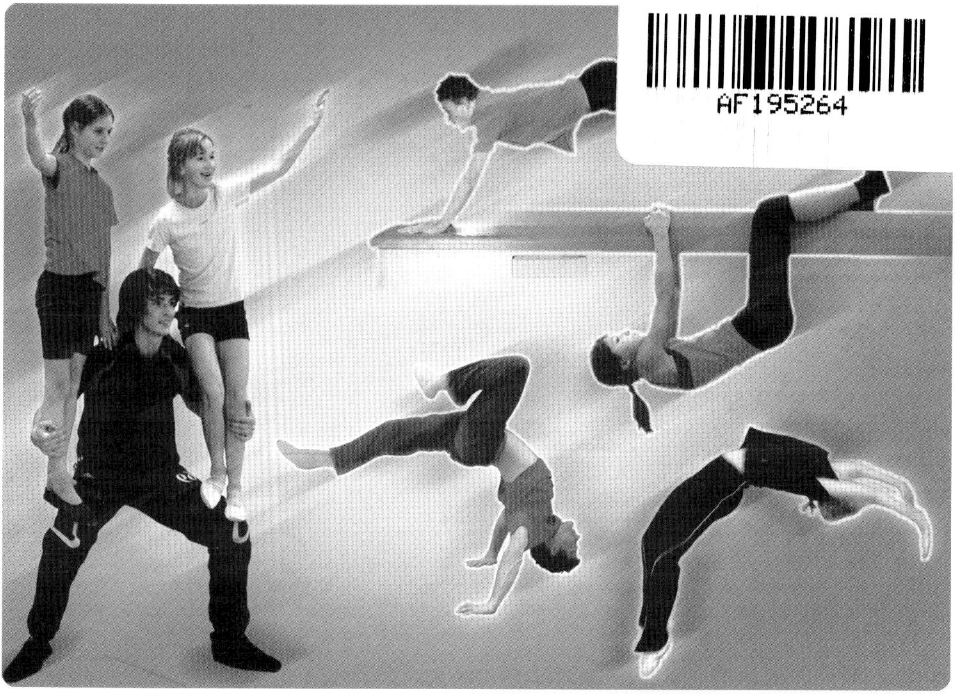

Turnen in der Schule

Ein Unterrichtskonzept für die Sekundarstufe I

Sabine Hafner

hofmann.

Bibliografische Information der Deutschen Nationalbibliothek
Die Deutsche Nationalbibliothek verzeichnet diese Publikation in der Deutschen Nationalbibliografie; detaillierte bibliografische Daten sind im Internet über http://dnb.d-nb.de abrufbar.

Bestellnummer 0371

© 2009 by Hofmann-Verlag, 73614 Schorndorf

Alle Rechte vorbehalten. Ohne ausdrückliche Genehmigung des Verlags ist es nicht gestattet, die Schrift oder Teile daraus auf fototechnischem Wege zu vervielfältigen. Dieses Verbot – ausgenommen in § 53, 54 URG genannten Sonderfälle – erstreckt sich auch auf Vervielfältigungen für Zwecke der Unterrichtsgestaltung. Dies gilt insbesondere für Übersetzungen, Vervielfältigungen, Mikroverfilmungen und die Einspeicherung und Verarbeitung in elektronischen Systemen.

Erschienen als Band 37
der PRAXISIDEEN – Schriftenreihe für Bewegung, Spiel und Sport.

Grafik, Layout und Satz: KHC-Design

Druck und Verarbeitung: Druckerei Djurcic, Schorndorf
Printed in Germany · ISBN 978-3-7780-0371-8

INHALT

Kapitel 1   Turnen in der Schule versus Turnen im Verein   7

Kapitel 2   Turnen in der Schule: ein Unterrichtskonzept   15

     2.1   Das „Barren-Modell": Allgemeine Beschreibung 16
     2.2   Bedingungsfelder 17
     2.3   Entscheidungsfelder 18
     2.4   Zusammenfassung und Handhabung des Modells 27

Kapitel 3   Exemplarische Unterrichtseinheiten für die Sekundarstufe I   29

     3.1   Grundtätigkeiten am Beispiel „Rollen und Überschlagen".   34
     3.1.1   Thematik 34
     3.1.2   Intention 35
     3.1.3   Organisation 36
     3.1.4   Realisierung 36

     3.2   Geräte- und Bewegungserfahrungen am Beispiel „Schwebebalken (auch für Jungen) und Parallelbarren (auch für Mädchen)" 43
     3.2.1   Thematik 43
     3.2.2   Intention 45
     3.2.3   Organisation 45
     3.2.4   Realisierung 46

3.3	Kooperation und Mitbestimmung am Beispiel „Helfen und Sichern"	57
3.3.1	Thematik	57
3.3.2	Intention	59
3.3.3	Organisation	60
3.3.4	Realisierung	61
3.4	Probleme lösen am Beispiel „Sprunghocke am Kasten/Pferd längs gestellt"	68
3.4.1	Thematik	68
3.4.2	Intention	71
3.4.3	Organisation	72
3.4.4	Realisierung	73
3.5	Rhythmisierungsfähigkeit am Beispiel „Synchronturnen".	83
3.5.1	Thematik	83
3.5.2	Intention	85
3.5.3	Organisation	86
3.5.4	Realisierung	86
3.6	Bewegungsphantasie am Beispiel „Kletterlandschaft"	91
3.6.1	Thematik	91
3.6.2	Intention	93
3.6.3	Organisation	94
3.6.4	Realisierung	94
3.7	Von der Bewegungserfahrung zur Bewegungsfertigkeit am Beispiel „Flick-Flack"	101
3.7.1	Thematik	101
3.7.2	Intention	103
3.7.3	Organisation	104
3.7.4	Realisierung	104

3.8	Turnen als Mannschaftsdisziplin am Beispiel „Akrobatik"	112
3.8.1	Thematik	112
3.8.2	Intention	114
3.8.3	Organisation	114
3.8.4	Realisierung	115
3.9	Bauen und Üben am Beispiel „Minitrampolin"	123
3.9.1	Thematik	123
3.9.2	Intention	125
3.9.3	Organisation	126
3.9.4	Realisierung	126
3.10	Gestalten am Beispiel „Gruppenturnen"	131
3.10.1	Thematik	131
3.10.2	Intention	133
3.10.3	Organisation	133
3.10.4	Realisierung	134
Ausblick		142
Literaturverzeichnis		143
Danksagung		144

Kapitel 1

Turnen in der Schule versus Turnen im Verein

Turnen in der Schule versus Turnen im Verein

Turnen in der Schule ist etwas prinzipiell anderes als Turnen im Verein.
Der Sportunterricht in der Schule ist an eine tatsächliche Nähe zur Sportdidaktik, die Sportdidaktik an wissenschaftliche Strategien zur Interpretation des Sportunterrichts gebunden. In diesem gegenseitigen Abhängigkeitsverhältnis gilt es, die Ansprüche didaktischer Konzepte mit den Ansprüchen der Schule an das Turnen zu vereinigen. Die Praxisferne ist eine große Gefahr, die sich aus Entwürfen zum Schulturnen ergeben kann. In den literarischen Arbeiten fehlen oftmals die praxisrelevanten Unterrichtsbausteine, also die konkreten Anleitungen für die Unterrichtspraxis. Vermutlich zeigen gerade deshalb didaktisch formulierte Ideen keine ausreichende lernförderliche Wirkung auf das Schulturnen, weil Turnunterricht ein vielschichtiges und somit oftmals undurchschaubares Geflecht aus verschiedenen Bedingungs- und Entscheidungsfaktoren ist.

Schwierigkeiten, die Lehrer mit dem Turnen-Unterrichten haben, belegen häufig, was erfahrene Schulpraktiker ohnehin vermuten. Einerseits ist ein direkter Transfer von theoretisch erarbeiteten Konsequenzen in die tatsächliche Unterrichtspraxis im Schulturnen aus vielerlei Erwägungen heraus äußerst schwierig, wenn nicht sogar unmöglich. Andererseits tragen Überlegungen hinsichtlich der Realisierung von Zielen im Turnen ohnehin ein gewisses Maß an Unsicherheit und Fragwürdigkeit in sich, weil die Grenzen unterrichtlicher Planbarkeit und Steuerung dann am ehesten sichtbar werden, wenn es im Unterricht etwa um die individuellen Voraussetzungen der Schüler geht. **Kapitel 1**

Das in diesem Buch beschriebene Konzept verfolgt die Absicht, den Einstieg in die Turnpraxis an Schulen *(Sekundarstufe I)* zu erleichtern. Hier wird ein *Bezugssystem* vorgestellt, das von Lehrern in der Unterrichtspraxis verwendet werden kann und das Möglichkeiten zur Beteiligung der Schüler an der Planung des Turnunterrichts offen hält. **Kapitel 2**

Da konzeptionelle Ideen jedoch nur formalen Charakter haben können, werden im Praxisteil des Buches zehn aus der Theorie erschlossene Unterrichtseinheiten beschrieben. Es mag überraschen, dass aus Theorien zum Schulturnen bisher kaum konsequente Konzeptionen abgeleitet wurden. Zwar liefert etwa die Autorengruppe Leirich/Bernstein/Gwizdek (vgl. 2007) wertvolle methodische Tipps zum Erlernen von Fertigkeiten im Gerät- und Kinderturnen. Diese Beispiele sind eher auf den Vereinssport zugeschnitten. Unterricht wird dort verstanden als **Kapitel 3**

Turnen in der Schule ist etwas prinzipiell anderes als Turnen im Verein

Trainings- und Bewegungslehre
+
Spezifische Situation und Schülerbezogenheit

eine Veranstaltung, die dem Turner, auf Grund langfristig und gründlich erprobter Methoden und mittels erworbener Erfahrungen, zum Erlernen notwendiger Fertigkeiten in der Sportart Gerätturnen verhelfen möchte. Die Unterrichtstipps der genannten Autoren sind unverkennbar von der Kybernetik und Biomechanik beeinflusst. Dies kann vor der Zielsetzung des vorliegenden Buches keinesfalls ausreichen. Die moderne Unterrichtspraxis im Turnen favorisiert die logische Fortführung einer ausschließlich bewegungs- und trainingswissenschaftlichen Ausrichtung nur auf der einen Seite. Die andere Seite erteilt den Methoden des Vereinssports schon auch einmal eine deutliche Absage.

Unterrichten in der Schule wird bekanntlich als komplexes Handlungsfeld verstanden, für das es keine Lösungsrezepte unabhängig von der jeweiligen Situation im Allgemeinen und unabhängig von den Schülern im Besonderen gibt. Damit sind die Forderungen nach einem Turnen, das sich an der Trainings- und Bewegungslehre ausrichtet, keineswegs hinfällig. Ihre Erkenntnisse bilden eine der beiden grundsätzlichen Antipoden, die zu einer Neudefinition der Aufgaben in der Turndidaktik führen.

Für eine Konzeption, die nicht die Polarisierung wünscht, sondern die Räume zwischen den Polen ausgewogen füllen möchte, ergibt sich auf der rein sachlichen Ebene folgende Grundlage:
- Der polare Zwischenraum ist auf der einen Seite begrenzt durch die „Versportung" von unterrichtlichem Handeln im Schulturnen. Die Blütezeit eines solchen Fertigkeitsdenkens ist zwar längst überschritten, dennoch sind seine Einflüsse enorm, sodass das Fertigkeitsturnen bis heute in den Bildungsplänen der Sekundarstufe I sichtbar bleibt.
- Die Schule der darauf folgenden Jahre stellt im Gegensatz zur Sache auf der anderen Seite das Subjekt in den Vordergrund. Der hier vollzogene Blick auf eigenverantwortliches Handeln der Schüler in konkreten Lern- und Lebenssituationen definiert die Aufgaben des Lehrers im Turnunterricht neu. Turnen ist nach freien Aufgaben, fern einer exakt zu definierenden Bewegungsvorstellung, etwa im Freien Turnen zu ergründen.

Eine Unterrichtskonzeption für das Turnen in der Schule muss demnach stetig bemüht sein, sowohl den *Schülern und Lehrern* als auch der zu *vermittelnden Sache* gerecht zu werden. Es gilt von daher, das eher naturwissenschaftlich gestützte Vereinsturnen im Hinblick auf nachfolgend beschriebene Faktoren zu erweitern.

10 Turnen in der Schule versus Turnen im Verein

Der Ort und die Ausstattung
Um zu turnen, haben sich die Lehrer und die Schüler mittlerweile daran gewöhnt, in die *Sporthalle* zu gegen. Dort sind fast alle Schulen mit den gängigen Turngeräten und vereinzelt sogar mit Geräten zum Klettern, Klimmen, Steigen oder Balancieren (Langbänke, diverse Kästen, Kletterleitern, Sprossenwände etc.) ausgestattet. Mit durchgängig neueren Materialien zum Trampolinturnen oder Trapezschwingen oder älteren Materialien, wie dem „Lüneburger Stegel", kann nicht durchgängig gerechnet werden. Allein die Geräteauswahl regt zum fertigkeitsgeleiteten Turnen in der Sporthalle an.

Es ist vor allem durch den salonfähig gewordenen Begriff des *Crossover-Sports* gelungen, Bewegungsfelder miteinander zu vermischen, um damit den Bedürfnissen einer Gesellschaft gerecht zu werden, die an den sich ständig ändernden Modeerscheinungen im Sport partizipiert. So kann es passieren, dass einmal draußen geturnt wird. „Parkour" ist in diesem Zusammenhang als Modesportart zu nennen. Hier ist der Turner (Traceur) ein Spurensucher, der auf seiner selbstgewählten Wegstrecke im Freien, Telefonzellen virtuos und kreativ überläuft, Geländer überspringt, an Teppichstangen schwingt, kippt und felgt, sich an Hindernissen überschlägt, an Fassaden klettert und von Hausdach zu Hausdach springt. In den Parkour können die Teilnehmer allerdings nicht ohne Turnkompetenzen hineinschnuppern. Nach einer körperlichen Vorbereitung kann es sinnvoll sein, vor allem, wenn es der Attraktivität des Turnunterrichts in der Schule dienlich erscheint, zum Turnen auch einmal nach *Draußen* zu gehen und dem Vorbild der in Videoclips dargebotenen „Fassadenturnern" zu folgen. **Moderne Bewegungsräume**

Eine weitere Möglichkeit, rein örtlich das Turnen in der Schule zu bereichern, bietet sich durch die Akrobatik auf Sand. Wenn die Schulen Zugriff auf eine Beachanlage haben, kann alleine die räumliche Verlagerung des Turnens nach Draußen für eine Attraktivitätssteigerung sorgen.

Auch die *Architektur* sowie die *Instandhaltung* der Sporthallen haben Einfluss auf das Klima im Turnunterricht. Eine Sporthalle, die im Winter zu kalt, im Sommer unklimatisiert und stickig ist, in der es in den Geräteräumen dreckig ist, die unaufgeräumt, düster und farblos ist, bringt, bei noch so gutem Unterricht und noch so neuer und phantasievoller Inhalte, keine Veränderung in die von vornherein düstere Atmosphäre. In einer Schulsporthalle, in der man sich auf Grund der äußeren Bedingungen nicht wohl fühlen kann, tragen die allerbesten Reformideen zum Turnen nicht die erhofften Erfolge. Eine gewisse Überschaubarkeit und wohltuende Atmosphäre muss garantiert sein. **Behagliche Atmosphäre**

Der Ort und die Ausstattung

Im Vereinssport erschließen sich materiale Kompetenzen alleine aus einer selbstständigen Identifikation der Turner mit dem Turnen. In der Schule müssen die Kriterien eines sozial organisierten Turnens hart erarbeitet werden. Das Schulturnen gelingt dann besser, wenn die Schüler sich in der Sporthalle gerne treffen. Auch müssen die Geräte einen bestimmten Platz haben, diese Geräte funktionsgerecht aufbewahrt und transportierbar sein. Dem Lehrer sollte ein geeigneter Raum zum Umziehen, Vorbereiten, Weilen und Zurückziehen zur Verfügung steht.

Diese Aussagen möchten kein Bild von einem Turnunterricht zeichnen, der nur mit Luxus stattfinden kann. Auch die Schüler und Lehrer müssen sich an der Instandhaltung aller in der Sporthalle verfügbaren Medien, die diese angenehme Atmosphäre erst hervorrufen, beteiligen. Erst das Wissen um Verantwortlichkeit für die *Atmosphäre* in der Halle kann dazu führen, dass die Schüler achtsam mit den Gegenständen umgehen und so lernen, die Sporthalle als Bewegungsort wertzuschätzen.

Fürsorglicher Umgang mit Materialien und Sportgeräten

Besonders das Freie Turnen erfordert in diesem Zusammenhang einerseits, dass in der Sporthalle genügend Geräte und Materialien zur Verfügung stehen, auf die Schüler zum vielfältigen Bewegen zurückgreifen können. Andererseits müssen die Schüler lernen, mit vorhandenen Geräten adäquat und sorgsam umzugehen. Nicht immer decken sich die Möglichkeiten mit den Wünschen und Erwartungen vor allem derjenigen Schüler, die in materieller Hinsicht, etwa durch exklusive Freizeitgewohnheiten, verwöhnt sind. Wenn Projekte im Turnen stattfinden, Bewegungslandschaften erbaut werden, im Freien geturnt wird und kreativ gearbeitet wird, dann erfordert dies nicht nur pädagogisches Geschick und flexiblen Einsatz der Lehrer und der Schüler. Auch ein geeigneter Ort muss her.

Die Administration

Differenzierung in Kleingruppen

Die Schulgröße, die Schar der *Schüler und die Lehrerzahl*, die daraus resultierende *Anonymität* unter Kollegen und Schülern haben gleichermaßen Einfluss auf das Befinden im Unterricht. In einer gut verwalteten Schule können die Schüler die Gemeinschaft spüren und sich bei auftauchenden Schwierigkeiten personell unterstützt glauben. Lehrer sollten Möglichkeiten der inner- und außerschulischen Fort- und Weiterbildung haben. Außer der „stofflichen" Betreuung durch die Lehrer müssen noch Koordinationsstunden zur Verfügung stehen, sodass die Lehrer bei ständig wachsenden Problemen in der Schule nicht in zeitliche Bedrängnis geraten.

Für den Turnunterricht bedeutet dies, dass hier der Lehrer höchstens 20 Schüler gut, kompetent und partnerschaftlich betreuen kann. Bedauerlicherweise gehen diese Vorstellungen zur Organisation eines Unterrichts, in dem die Basis für ein Miteinander-Handeln gelegt wird, an der Realität oftmals vorbei. Steigende Differenzierung wegen physischen und psychischen Beeinträchtigungen von Schülern, zunehmende Reduktion der verfügbaren Zeit für den Sportunterricht und wachsender Anteil von freier oder Projektarbeit führen verstärkt zu einem Arbeits- und Sicherungsmehraufwand sowohl für die Lehrer als auch für die Schüler.

Sollen pädagogische Desiderate erfolgreich im Turnunterricht wirken, so müssen erst einmal die *Klassenteiler* reduziert werden. Eine persönliche Betreuung und eine hohe Bewegungssicherheit können ansonsten nicht gewährleistet werden. Die gängige Turnliteratur geht von einer 1:1 Betreuung und nicht von dem derzeitigen Klassenteiler mit einem Lehrer im Verhältnis zu mehr als 30 Schülern aus. Eine Klassengemeinschaft versammelt heterogene Interessen und Begabungen. In Projektarbeit oder Freiem Turnen müssen die Schüler ihre heterogenen Beziehungen größtenteils selbstständig pflegen. Es ist fraglich, ob die Schüler diese Beziehungen anstreben können und ob die Schule auf Grund ihrer amtlichen Vorgaben Schüler überhaupt in die Lage versetzten kann, selbstständig zu lernen. Im Schulturnen müssen die Vorgaben der Turnliteratur mit definierten Zielvorgaben, mit Schulgesetzen, mit Bildungsplänen und mit Ausbildungs- und Notenverordnungen korrespondieren. Zusammenarbeit verschiedener Klassen miteinander, fächerverbindender Unterricht, Tutorenprinzip etc. werden dadurch erschwert.

Die Zeit
Zumeist ist der Turnunterricht in einen zeitlichen Rahmen von 45 Minuten – allenfalls 90 Minuten, bei Doppelstunden – eingebunden. *Bewegungszeiten* in Turnstunden werden oft noch durch Anfahrts- oder Gehwege zur Sporthalle, durch Umziehen und Duschen und durch die ihn kennzeichnenden Auf-, Ab- und Umbauaktionen verkürzt. Diese zeitlichen Verordnungen führen zu dem unvorteilhaften Umstand, dass Schüler nur etwa 10 bis 20 % der Unterrichtszeit zur tatsächlichen Bewegung nutzen können (vgl. Balz & Schierz, 1998, S. 23). **Schulturnerfolge durch Zeit und Geduld**

In dieser knappen Zeit muss Unterrichtsstoff im Turnen noch mit anderen Disziplinen in ein Verhältnis gebracht werden. Auch ist zu bedenken, dass hierfür allenfalls *drei Stunden Sport pro Woche* zur Verfügung stehen. In einigen Bundesländern wird heftig für die Streichung der dritten Sportstunde geworben.

Ein Weg zu einem für die Schule sinnvollen Turnen braucht Zeit, zumal wenn man Turnexperimente angehen und Turnfertigkeiten erfolgreich erlernen möchte. Hinzu kommt, dass der Turnunterricht über einen arbeitsaufwändigen Nachteil verfügt. Eine Bewegungslandschaft, an der die Schüler explorierend Bewegungen finden sollen, wird selbst innerhalb einer Doppelstunde zum Organisationsspiel für den Lehrer, nicht aber zum selbst gestalteten Experiment für die Schüler.

Zum Turnen benötigt man Zeit für die sorgfältige Planung und Durchführung, für den Austausch untereinander, für die Bildung von Teams sowie für Reflexion und Evaluation.

Die gesellschaftlichen Erwartungen an den Schulsport

Schule = Ort für Tradition?

Das gesellschaftliche Umfeld schätzt in der Regel die Schule als Ort der *Normierung*. Schule hat unter vielen Anderen auch die Funktion, Kinder und Jugendliche in gesellschaftlich tradierte Normen einzuführen. Vom Sportunterricht und seinen Teildisziplinen verspricht man sich, dass er die Ausbildung sportmotorischer Fähigkeiten unterstützt und Fertigkeiten schult. Auf dieser Basis werden sich nur wenig Schüler und Lehrer von pädagogischen Experimenten im Sportunterricht überzeugen lassen.

Es mag viele Eltern, Schüler und vereinzelt auch Lehrer geben, die überhaupt nicht wissen, dass sich ein Bewegungsfeld dadurch, dass es zum Schulfach und damit zu einer pädagogischen Pflichtveranstaltung wird, wesentlich verändert. In diesem Sinne kann man davon ausgehen, dass die Öffentlichkeit das Turnen in der Schule als eine durchgängig „geschlossene" Angelegenheit versteht. Wenn die Perspektive auf das Gerätturnen gerichtet ist, dann wird Schulsport weitläufig mit dem ernsthaften Trainieren und Üben in Verbindung gebracht. Dabei wissen die Lehrer längst um die Schwierigkeiten von solchen Lehr- und Lernprozessen im Turnen und die Schüler fürchten diese. So gesehen können geringfügige „Befreiungsaktionen" dem Schulturnen nutzen. Diese sind bereits im Crossover-Sport, in der Akrobatik oder in Zirkusprojekten in den Schulalltag eingetreten.

Um solche Inhalte im Turnunterricht zu berücksichtigen, müssen auch einmal amtliche Vorgaben wie Lehrpläne und Notenverordnung übergangen werden.

Kapitel 2

Turnen in der Schule: ein Unterrichtskonzept

2.1 Das „Barren-Modell": Allgemeine Beschreibung

2.2 Bedingungsfelder

2.3 Entscheidungsfelder

2.4 Zusammenfassung und Handhabung des Modells

Turnen in der Schule: ein Unterrichtskonzept

Schulturnen ist der ständige Wechsel zwischen den normativen Standpunkten und der Flexibilität vor den Bedingungen der Schulstruktur. Es muss ein umfangreiches Netz an Entscheidungen gewoben werden, um zu einem Konzept für das Schulturnen zu gelangen. Bevor Präzision und Illustration gelingen können, wird erst einmal ein grober Bezugsrahmen für das Unterrichtskonzept im Schulturnen vorgestellt. Bereits dabei wird deutlich, dass für die Handhabung der Turnkonzeption Qualifikationen von den Lehrern und von den Schülern erwartet werden.

2.1 Das „Barren-Modell": Allgemeine Beschreibung

Zur Illustration einer Turnkonzeption wurde nach einem einprägsamen Symbol gesucht, das ein Spannungsverhältnis zwischen verschiedenen *Bedingungs- und Entscheidungsfaktoren* für das Schulturnen repräsentieren kann. Was läge näher, als sich metaphorisch mit einem Turngerät zu behelfen.

Das Turngerät *Barren* bietet von seiner Beschaffenheit her exakt die Bedingungen, die zur Verdeutlichung der Idee eines Turnens in der Schule notwendig sind. Einerseits ist der Barren ein starres Gebilde. Er besteht aus Eisenträgern und Holmen, die im übertragenen Sinne als unveränderliche Basiskomponenten des Turnunterrichts bezeichnet werden können. Andererseits ist es möglich, diese starren Komponenten an vier Stellen flexibel aufeinander einzustellen. Das Gerät kann an Einstellhebeln nach oben oder unten und nach innen oder außen beweglich reguliert werden. **Bedingungsfaktoren und Entscheidungsvielfalt**

Der Barren eignet sich ferner gerade deshalb als Symbol besonders gut, da alle im Turnen Tätigen eine Vorstellung von diesem Gerät haben. Er steht als Metapher für die *Mehrperspektivität* und deren *Grenzen*.

Folgendes Beispiel verdeutlicht diese Sinnzusammenhänge zwischen dem „Bild" und der tatsächlichen Turnkonzeption. Ein Barren, an dem ein Turner seine Darbietung präsentieren möchte, muss zuerst aus dem Geräteraum heraus und an einen geeigneten Ort zum Turnen gestellt werden. Er muss außerdem auf die Größe des Turners, seine persönliche Leistungsfähigkeit und auch auf sein gesetztes Ziel hin justiert werden. Dazu müssen die Barrenpfeiler nach oben oder unten verstellt werden und die Barrenholme zueinander gebracht oder voneinander entfernt werden. Ist der Turner geschickt im selbsttätig-mechanischen **Gedankliches Beispiel für ein Turnen nach dem Barren-Modell**

Präparieren, so sind die Voraussetzungen zum erfolgreichen Turnen gegeben.

Im übertragenen Sinn müssen, bevor man in der Schule turnen kann, die Lern- und Arbeitsformen, die didaktische Sicht auf den Lernstoff, die psychologischen und physiologischen Voraussetzungen der Schüler und Lehrer sowie die schulischen und schulsportlichen Verhältnisse immer wieder neu auf entsprechende Situationen eingestellt werden. Es ließe sich folgern, wenn Schüler und/oder Lehrer geschickt justieren, so wird erfolgreicher Turnunterricht möglich. In dem einen wie in dem anderen Fall müssen die Möglichkeiten zum Turnen jedes Mal neu aufgefunden werden, um günstige Bedingungen zu schaffen, damit Schüler, Lehrer und Fachwissenschaftler mit dem Turnen Erfolg verbuchen können.

2.2 Bedingungsfelder

Der Barren gibt symbolisch betrachtet feste Bedingungen zum Turnen vor. Ganz gleich ob die Holme auf der gleichen Höhe oder diagonal verschieden einrasten, ein Barren wird immer zu typischen Bewegungsmustern auffordern. Auf- und Umschwungbewegungen, Kipp- und Felgbewegungen können besser am Barren geturnt werden, auch wenn die Holme schräg stehen, als vergleichsweise am Schwebebalken. Das Gerät besteht aus festen Bestandteilen, die es unterscheidbar machen von anderen Turngeräten.

Schule
+
Turnen
=
Schulturnen!

Auch im übertragenen Sinn existieren *Bedingungsfelder* für eine Schulturnkonzeption. Als feste Bestandteile, an denen sich alle Entscheidungen ausrichten, sind die Schule und das Turnen zu nennen. Schulische Zwänge können zwar in Maßen übergangen werden, nehmen aber beharrlich als stabile Größe auf das Schulturnen Einfluss. Turnen in der *Schule* ist etwas anderes als Turnen im Verein oder in der Freizeit. Die Regelschule, wie sie sich derzeit präsentiert, hat, trotz Veränderungsmöglichkeiten „im Kleinen", normativen Charakter. Alle Handlungen im Schulturnen sind gezwungenermaßen von einem grundsätzlichen Schulprogramm bestimmt.

Ein weiteres Bedingungsfeld im Barren-Modell ist das *Turnen*. Gleich, welche Ansprüche, welche Erscheinungsformen und welche Sinnperspektiven auf diesem lasten, es kann behauptet werden, dass Turnen eine einzigartige Sportart ist. Turnen hat eine eigene Sachstruktur. Auch wenn das Freie Turnen noch weiter in das Bewusstsein der Fachdidaktiker, Lehrer und Schüler drängt, können dennoch klare Aussagen über das Turnen getroffen werden, die es als Sportart von anderen Sportarten unterscheidet. Turnen ist ein Bewegen an Turngeräten mit dem Ziel, turnerische Bewegungstätigkeiten und Bewegungsfertigkeiten auszubilden und zu erlernen.

Schule und Turnen kennzeichnen das Fundament, auf dem alle Entscheidungen für Turnunterricht ablaufen. Diese beiden Bestimmungsfaktoren legen die grundsätzliche Richtung fest, die mit flexiblen Entscheidungen in Relation zu bringen sind.

2.3 Entscheidungsfelder

Vier grundlegende Entscheidungsfelder zeigen ihre Wirkung auf das Schulturnen:

- Auf der Seite des Bedingungsfaktors *Turnen* muss über Einstellungen zu den verschiedenen *Erscheinungsformen* (Gerätturnen, Kunstturnen, Freies Turnen, Abenteuerturnen, Akrobatik, Trampolinturnen, Parkour etc.) und zu den verschiedenen *didaktischen Positionen* (Sportartenkonzept, Handlungsfähigkeit, Körpererfahrung etc.) nachgedacht werden. Erst über Entscheidungen für eine Ausführungsart und auch für eine geeignete didaktische Forderung an den Lernstoff können Arbeits- und Handlungsschritte für Schulturnen bestimmt werden. **Welches Turnen? Warum Turnen?**
- Auf der Seite der *Schule* sind Entscheidungen hinsichtlich der *Ausgangsdispositionen von Schülern und Lehrern* (Motivation zum Turnen, Leistungsstand der Schüler, Kompetenzen im Turnen-Unterrichten der Lehrer, Anzahl der Schüler, Geschlechterverteilung, Disziplinierungsschwierigkeiten etc.) und hinsichtlich der *administrativen und institutionellen Schulstruktur* (Bildungsplan, Schülerzahl, Zeit, Ort, Gerätebestand, Notenverordnung etc.) zu treffen. **Welche Schüler und Lehrer? Welche Schule?**

Diese beiden Felder legen fest, wie Turnen im Verhältnis zur Schule verstanden werden kann.

Die optimale Abgleichung der vier Felder entscheidet über unterrichtliches Handeln im Schulturnen.

Barren-Modell für abstrakte Denker

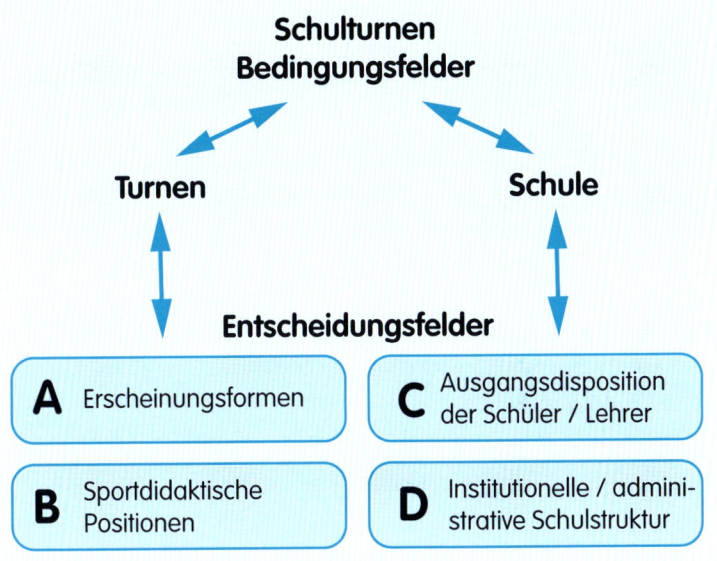

Abb. 1: Bedingungs- und Entscheidungsfelder für das Schulturnen

Vier Entscheidungsfelder stehen dem Barren-Modell zur Planung und Durchführung von Turnunterricht in der Sekundarstufe I zur Verfügung. Diese sind symbolisch durch die vier Pfeiler des Turngerätes Barren vertreten. Regulieren an nur zwei oder drei Pfeilern würde bereits Handeln im Turnunterricht zulassen, während auf allen vier Ebenen angepasste Entscheidungen ein Plus an Handlungsorientierungen versprechen. Die Höhen der verschiedenen Barrenpfeiler müssen, metaphorisch gesprochen, durch die im Modell so benannten *Einstellhebel* reguliert werden, damit den gegenwärtigen Bedingungen von Turnunterricht entsprochen werden kann.

Es ist für die Lehrer und für die Schüler wichtig, dass Entscheidungen schnell getroffen werden. In der Praxis wird es vermutlich vorwiegend so aussehen, dass die Lehrer längst über Verhältnisse im Turnunterricht entschieden haben, etwa durch das Erstellen eines Stoffverteilungsplans. Nimmt ein Lehrer das Barren-Modell als Bezugsgrundlage, dann ist gewährleistet, dass sich der Turnunterricht insgesamt aus einer Kombination auf Grund langfristig unterschiedlicher Ansprüche zusammenfügt.

Turnen in der Schule: ein Unterrichtskonzept

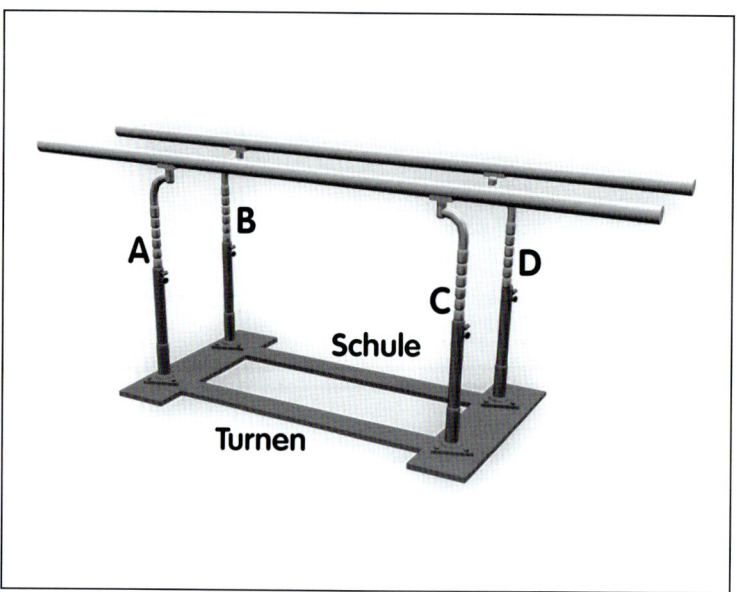

Barren-Modell für phantasievolle Denker

Abb. 2: Barren-Modell zur Planung von Turnunterricht in der Sekundarstufe I

Das Barren-Modell ist nicht als Rezept erdacht worden, das den Beteiligten am Turnunterricht ersparen würde, über das Turnen und seine Verhältnisse in der Schule nachzudenken. Einige Handlungsorientierungen werden sich als empfehlenswerte und andere als eher paradoxe Verbindungen auftun.

Um auf das Bild des Barrens zurückzugreifen, heißt dies, dass die einzelnen Pfeiler nicht unüberlegt justiert werden können. Es würde sich dabei sehr schnell Widerstand gegen diejenigen Turnvertreter bemerkbar machen, die vorschnell nur eine Einstellung kennen, beispielsweise das Einrasten aller Pfeiler auf gleicher Höhe, sodass symbolisch ein Parallelbarren entsteht. Die Einstellung aller Pfeiler auf gleicher Höhe im Gegensatz zu allen Pfeilern auf unterschiedlicher Höhe können als die beiden Extrema im Modell angesehen werden. Zwischen diesen gilt es zu jonglieren. Es gibt Einstellungen, die zum gebundenen Turnen aufrufen, wie der Parallelbarren und der Stufenbarren, und es gibt Einstellungen, die den Barren an allen vier Hebeln verstellen. Dieses an letzter Stelle beschriebene Gerät mag dann eher die Phantasie zum freien Experimentieren und Gestalten im Turnunterricht anlocken. Der Freiheit sind Grenzen gesetzt, denn die Holme sind nicht endlos in der Höhe verstellbar. Irgendwann endet die Verlängerung und der Barrenholm fällt aus der Vorrichtung.

Diese aus der Anwendung im Bild erarbeiteten Kriterien zum Turnen in der Schule können auf eine theoretische Basis gebracht werden. Verschiedene Charakteristika schränken den Planungsrahmen ein. Es gelten folgende übergreifende *Hauptprinzipien der Unterrichtsplanung und -durchführung* von Schulturnen:

Planungsgrenzen

Prinzip der Subjekt- und Sachorientierung: Die Planung von Turnunterricht sollte so weit wie möglich in Abstimmung mit den Wünschen und den Voraussetzungen der Schüler erfolgen. Dabei können Pflichten wie Lehrplanvorgaben und Notenverordnung berücksichtigt werden. Nicht alle Turngelegenheiten werden den Interessen und Neigungen der Schüler gerecht. Im Streben nach dem Aufgreifen aller subjektiven Interessen darf dieses Prinzip keineswegs auf ein „Macht-Was-Ihr-Wollt-Turnen" zusteuern. Vielmehr geht es bei dem Prinzip der Sachorientierung um eine mittel- und langfristige Planung. Sie ist daran auszurichten, dass alle Schüler im Turnunterricht im Laufe ihrer Schulturnkarriere die Chance erhalten, ihren Interessen und Neigungen einmal nachzugehen, indem sie unterschiedliche Ausrichtungen des Turnens kennen lernen. Schülerorientierung ist kein Zufall, sondern Prinzip, das mit weiteren sachlichen Prinzipien in Einklang zu bringen ist.

Prinzip der Mehrperspektivität: Turnunterricht in der Schule baut auf vielseitigen, abwechslungsreichen Formen auf, die zur Realisierung unterschiedlicher Ansprüche führen. Hier sind das Gerätturnen, das Freie Turnen und alle Formen dazwischen bei einer mittel- und langfristigen Planung zu berücksichtigen.

Prinzip der Balance: Die unterschiedlichen Erscheinungsformen, Methoden, Inhalte und didaktischen Orientierungen im Turnen müssen in einem ausgewogenen Verhältnis zueinander auftauchen. Dieses Prinzip untersagt die Glorifizierung und Überschätzung einer Turnform, etwa die des Gerätturnens.

Im Folgenden sind die einzelnen Entscheidungen für *subjektbezogenen, mehrperspektivischen* und *ausgewogenen* Turnunterricht konkretisiert.

Entscheidungsfeld A: Erscheinungsformen im Turnen

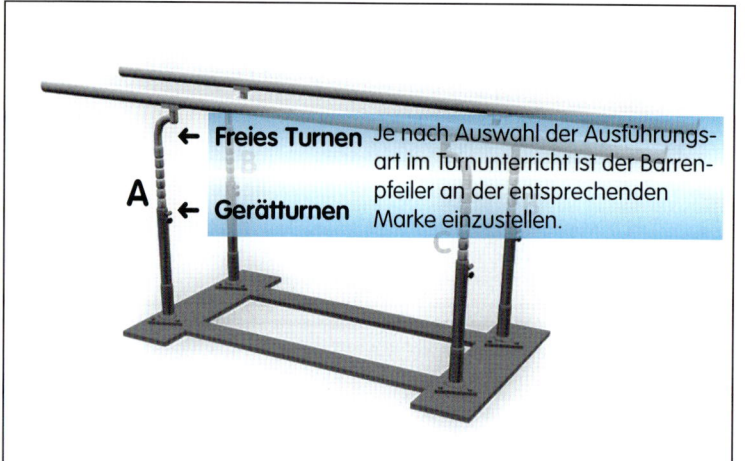

Barrenpfeiler A

Je nach Auswahl der Ausführungsart im Turnunterricht ist der Barrenpfeiler an der entsprechenden Marke einzustellen.

← Freies Turnen
← Gerätturnen

Durch den *Einstellhebel A* im Barren-Modell wird eine geeignete Form des Turnens gewählt. Verschiedene Einstellungen sind möglich, die das Turnen mal als Freies Turnen, mal als Gerätturnen, mal als Abenteuerturnen, mal als Trampolinturnen oder mal als Akrobatik berücksichtigen. Die Erscheinungsformen des Turnens sind im Barren-Modell insofern symbolisch durch einen Hebel verstellbar, da sie die Vorstellung von einem Turnen, so wie man dieses im Spitzensport betreibt, ebenso beinhalten, wie etwa die Vorstellung von einem Turnen zur Schulung der Wagniserziehung. Im Zusammenhang mit dem Prinzip der Balance ist auf eine möglichst ausgewogene Auswahl der verschiedenen Turngattungen und auf die Anpassung an weitere Felder zu achten. Für diese ausgewogene Auswahl muss beachtet werden, dass nicht alle in der Literatur auffindbaren Turngelegenheiten als eigenständige Formen zu betrachten sind, die gleichberechtigt nebeneinander stehen. Das Freie Turnen hat sich bekanntlich aus vielen *alternativen* Ansätzen entwickelt. Die Gesamtheit aller Bestrebungen, die ein „anderes" Turnen wünschen, ist deshalb als Gegenpol zum gebundenen Turnen zu sehen. Ausgewogen kann Turnunterricht nur sein, wenn man gleichrangig zwischen mehr gebundenen und mehr freien Turnrichtungen abwechselt. Die Aufmerksamkeitslenkung auf alle Varianten des Freien Turnens würde dem Prinzip der Balance widersprechen, da dem Gerätturnen eine zu geringe Rolle zugesprochen werden würde. Zudem existieren nicht nur die beiden Endpunkte Freies Turnen und Gerätturnen, sondern beliebig viele Ausdrucksformen des Turnens dazwischen.

Welches Turnen?

Um die gegenseitige optimale Passung im Modell noch weiter zu verdeutlichen, ist der Verständlichkeit halber ein Vorgriff auf die Verbindung mit den anderen Pfeilern unerlässlich. So ist die gewählte Turnausrichtung unter anderem an eine entsprechende didaktische Perspektive (Pfeiler B) anzugleichen. Auch wenn es auf den ersten Blick so scheinen mag, ist Pfeiler B keineswegs bereits dadurch angepasst, dass man sich an der Gelenkstelle A auf eine Turnausrichtung festgelegt hat. Die Entscheidung für das Gerätturnen lässt nicht nur das Sportartenprogramm als dessen didaktische Grundlage zu. Durch die Ausbildung von Fertigkeiten im Gerätturnen können Schüler ebenso Körpererfahrungen sammeln. Die Wahl der Erscheinungsform für den Turnunterricht kann allerdings als grundlegende Entscheidung gelten, an der sich alle anderen Felder besser ausrichten lassen.

Entscheidungsfeld B: Sportdidaktische Modelle

Barrenpfeiler B

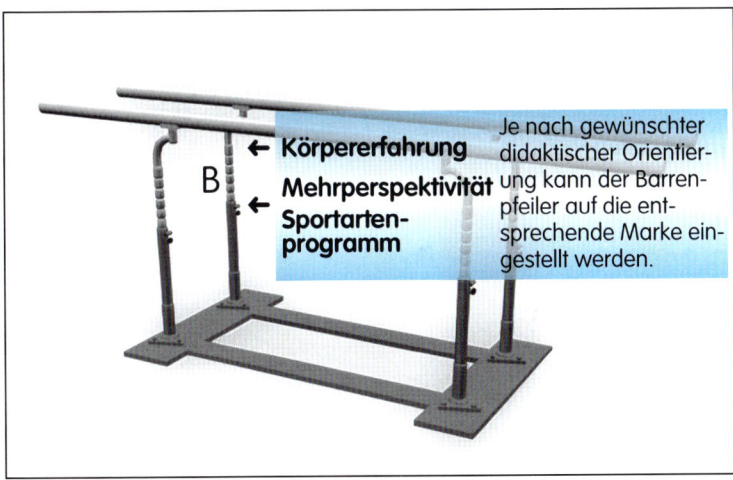

Welchen didaktischen Blick auf das Turnen?

Ohne auf die derzeitige sportdidaktische Diskussion eingehen zu wollen, sei kurz erwähnt, dass verschiedene Orientierungen zur Unterrichtslegitimation auch den Turnunterricht in der Schule einerseits verwirrt und andererseits beeinflusst haben. Turnunterricht ist in Forderungen der Didaktik einzubetten. Es kann keine einheitliche Antwort auf die Frage nach dem didaktischen Auftrag von Turnen in der Schule gegeben werden. Um eine optimale Abstimmung zwischen den wesentlichen sportdidaktischen Vorstellungen anzustreben, ist es wichtig, dass der Lehrer erkennt, wie weit er etwa sachlichen Zielen im Turnen nachgehen möchte oder inwieweit er dem Drang nach Selbstverwirklichung der Schüler gerecht werden kann.

Für die Einstellungen des *Hebels B* gilt, dass keine Vormachtstellung eines Modells in Erscheinung treten darf, beispielsweise durch ein Übergewicht des Sportartenprogramms. Dies bedeutet für die praktische Umsetzung, dass Turnen mal Körpererfahrung, mal körperlich-individuellen Ausdruck oder mal Abenteuer zum Ziel haben kann, während die Sportartenspezifik durchgehend berücksichtigt bleibt.

Entscheidungsfeld C: Ausgangsdisposition der Schüler und der Lehrer
Ob Turnunterricht gelingt, hängt stark von den physischen und psychischen Voraussetzungen der Schüler ab. Turnunterricht ist an die Begabung der Schüler, dessen Anforderungen gerecht zu werden, gebunden. Um am *Hebel C* die Holmenhöhe einzustellen, muss der Lehrer die Schüler gut kennen und gut beobachten oder er muss sich mit den Schülern gut absprechen, damit hier der Lern- und Entwicklungsweg vorgezeichnet werden kann. Es muss darüber befunden werden, ob einerseits die Schüler in der Lage sind, im Sinne eines offenen Turnunterrichts den Entwicklungsweg relativ selbstständig zu gehen. Andererseits muss herausgefunden werden, inwieweit die Schüler eine tatkräftige Unterstützung und Betreuung durch den Lehrer benötigen.

Turnkompetenzen der Schüler und Lehrer

Vielleicht sehen sich die Lehrer im Turnunterricht dem Fertigkeitszuwachs verpflichtet, während die Schüler das Turnen möglicherweise nur als Ausgleich zu den Strapazen des eher an Kognitionen ausgerichteten übrigen Fachunterrichts ansehen. Grundsätzlich müssen sich Lehrer und Schüler, ob aus einer intrinsischen oder extrinsischen Motivation heraus, den Anforderungen nach permanenter Lern- und Veränderungsbereitschaft in der Schule stellen. Die Ansicht von einem Turnen, das nicht nur techno-motorische Fertigkeiten umfasst, sondern ebenso neue Lernformen und Lernmethoden provoziert, wird wahrscheinlich immer mehr in den Köpfen der Schüler und auch der Lehrer auftauchen. Die Einzelperson als Lerner wird weiterhin wichtig bleiben, die Schüler müssen aber, um zu turnen, zusätzliche Qualifikationen erwerben, die sie z. B. befähigen, den Anforderungen an Teamentwicklung gerecht zu werden. Vielleicht erweitert sich das Turnen auf ein Verständnis hin, das Akrobatik und Gruppengestaltung als Ausdrucksformen mit berücksichtigt. Hier werden den Schülern zusätzliche Kompetenzen auf anderen Ebenen abverlangt. Es kann davon ausgegangen werden, dass ihnen nur dann mehr selbstbestimmte Freiheit zugestanden werden kann, wenn sie über ein fundiertes Qualitätsniveau auf motorischer, sozial-affektiver, emotionaler und kognitiver Ebene verfügen.

Welche Schüler und welche Lehrer?

Um die Einstellung an Barrenpfeiler **C** vornehmen zu können, ist zu fragen, welche Kompetenzen die Schüler bereits erworben haben, um den gewählten Turnunterricht ausüben zu können. Auch die Erwartungen an die Lehrerkompetenzen sind vielschichtiger geworden.

Im diesem Sinne sind eine Reihe von Fragen zu beantworten, um den Pfeiler **C** optimal einstellen zu können:
- Welche sportlichen Voraussetzungen bringen die Schüler und die Lehrer mit?
- Was weiß man über die sportlichen Interessen der Schüler?
- Wie lassen sich die sportlichen Interessen mit dem Turnen in der Schule vereinbaren?
- Wie viel Platz kann man den Interessen der Schüler im Turnunterricht einräumen?
- Wie verknüpfen die Schüler ihre Kompetenzen mit Unterrichtshandlungen im Turnen?
- Wie können die Schüler an der Planung der Lernprozesse im Turnen beteiligt werden?
- Welche Aufgaben und Kompetenzen kommen auf den Lehrer im Unterrichtsprozess zu?

Zur Beantwortung dieser Fragen müssen primär fachwissenschaftlich ausgebildete Lehrer ihre Rolle als Moderatoren verschiedenartiger Ansprüche im Turnen reflektieren und gegebenenfalls auffrischen. Weder die Lehrerausbildung noch die mehrjährige Praxis können ein oftmals konstatiertes Qualifikationsdefizit auffangen.

Auch dieser Pfeiler sollte immer wieder an verschiedenen Stellen einrasten, denn zu unterschiedlichen Turnformen sind unterschiedliche Begabungen notwendig.

26 Turnen in der Schule: ein Unterrichtskonzept

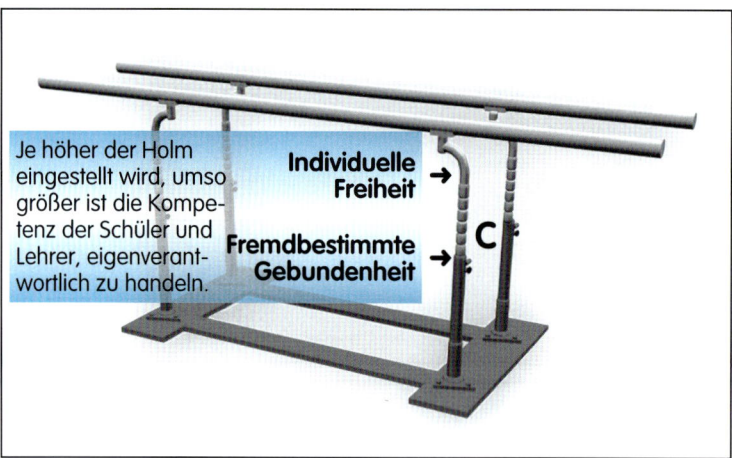

Barrenpfeiler C

Entscheidungsfeld D: institutionelle und administrative Struktur der Schule

In diesem Feld werden die schulischen Strukturen und deren Einflüsse auf das Turnen bedacht. Obwohl Unterrichtsformen wie Projektlernen, offener Unterricht oder Freiarbeit auch im Hinblick auf den Turnunterricht bedeutende lernpsychologische Vorteile gegenüber herkömmlichen Formen haben können, werden diese in der Schule nur bedingt realisiert. Die institutionellen Bedingungen bestimmen das Schulwesen besonders in den Regelschulen. Dennoch sind die Forderungen nach einer Veränderung des Schulturnens nicht dadurch hinfällig, dass mit den Schulstrukturen die Regeln zum Unterrichten vorgegeben sind. Der Umgang mit den Gesetzen der Schulbehörde kann durchaus vielschichtig sein.

Welche Schule?

Barrenpfeiler D pendelt zwischen zwei Polen: Der eine Pol legt den größtmöglichen Freiheitsgrad von Turnunterricht fest, während der andere fortwährend an die Grenzen der Schulwirklichkeit erinnert. Der Sportplatz, der Abenteuerspielplatz, die Tribüne der Sporthalle, eine Beachanlage in der Nähe des Schulgeländes oder der Geräteraum können als Orte zum Turnen gewählt werden. Als Standardsituation findet weiterhin ein Turnunterricht statt, der die formalen Strukturen berücksichtigt: Ein Turnunterricht, der in der Sporthalle stattfindet und der an Bildungsplan und Notenverordnung gebunden ist. Die Verwandlung der Sporthalle in eine Manege ist eher eine Seltenheit. Zum Erlernen etwa des „Kippaufschwungs" am Reck oder zum Volleyball-Spielen in einer darauf folgenden Unterrichtsstunde müsste wieder ein gänzlich andersartiger Rahmen hergestellt werden. Stetige Veränderungen an diesem Barrenpfeiler werden in der Realität nur selten vorgenommen, da diese unter den gängigen Bedingungen von Sportunterricht nur mit erheblichem Aufwand realisierbar sind. Bevor der Pfeiler jedoch „einrostet", dürfen die schulischen Bedingungen im Sinne einer „offenen" Schule nicht vollständig aus dem Blick geraten.

Barrenpfeiler D

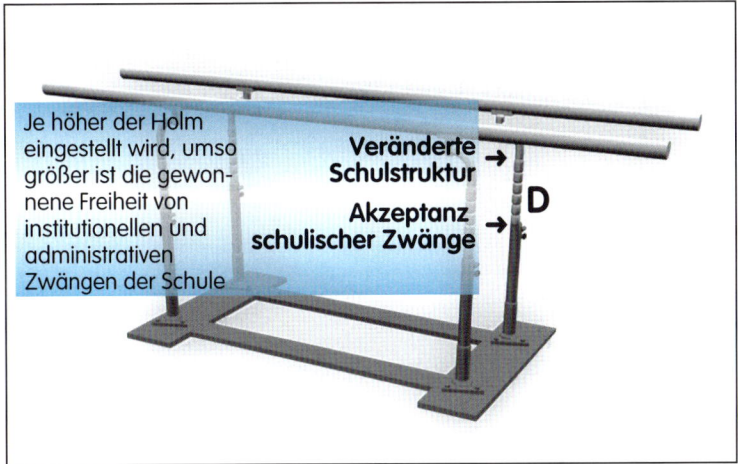

2.4 Zusammenfassung und Handhabung des Modells

Planung nach dem Barren-Modell

Die konzeptionelle Turnidee, die diesem Band zugrunde liegt, hat die Bewegungsfähigkeit und Handlungskompetenz im Turnunterricht der Sekundarstufe I auf Seiten der Lehrer und der Schüler als übergeordnetes Ziel. Es wird von einem *mehrperspektivischen* Turnbegriff ausgegangen. Handlungsorientierungen im Turnunterricht sind integrativ zu verstehen, was ein Denken in Zusammenhängen erfordert. Auf der Erkenntnis, dass unterschiedliche Ansichten zum Gegenstand Turnen miteinander verknüpft werden, wird der gesamte Unterricht aufgebaut. Dazu wurden insgesamt sechs Faktoren – zwei Bedingungsfelder und vier Entscheidungsfelder – herausgearbeitet, die vielschichtig aufeinander einwirken. Alle für den Turnunterricht zu treffenden Entscheidungen sind zuallererst an ein umfassendes Verständnis von Turnen *und* an ein umfassendes Verständnis von Schule gebunden.

Die vier flexibel zu handhabenden Säulen des Turnunterrichts müssen durch eine angemessene Planung vom Lehrer – auch einmal unter Mitwirkung der Schüler – immer wieder in eine optimale Passung gebracht werden. Zu diesem Zweck muss eine entsprechende Lernumgebung gestaltet werden. Symbolisch betrachtet lauten hierzu die Fragen:
- Wo stelle ich den Barren hin?
- Justiere ich den Barren an einem stabilen Ort und stelle ich die Holme so ein, dass man an diesem Barren formgebunden turnen kann?
- Entwickle ich einen „Phantasiebarren", an dem die Holme schräg eingestellt sind?

Diese Darstellung legt Wert darauf, dass sowohl verschiedene Ausrichtungen des Turnens, institutionelle Dispositionen als auch individuelle Voraussetzungen der Schüler stärker berücksichtigt werden. Mit diesem Modell ist es zudem möglich, den unterschiedlichen didaktischen Forderungen, die dem Turnen gleichermaßen nutzen, gleichberechtigt zu begegnen. Dies kann in geschlossenen Phasen realisiert werden. Hier plant der Lehrer die Einstellung der Gelenkstellen. Gute Chancen bietet ebenso ein offener Unterricht, in dem die Interessen, Neigungen und Ideen der Schüler zum konstitutiven Element des Unterrichts werden. Dann bauen sich die Schüler ihren „Phantasiebarren". An einem „Phantasiebarren" kann nicht nur gefelgt und gekippt werden. Man kann ebenso über ihn hinweg steigen, klettern oder springen, was in einem traditionellen Turnen am Barren untersagt wird. Dieses Vorgehen setzt jedoch größte Flexibilität des Lehrers voraus, da er stellenweise die Unterrichtsplanung aus der Hand gibt.

Die folgenden Unterrichtseinheiten stellen den Versuch dar, mit diesem Modell praktische Unterrichtsplanung zu vollziehen. Dort werden konkrete und praktische Schritte deutlich.

Theorie wird Praxis = Praxiologie

Exemplarische Unterrichtseinheiten für die Sekundarstufe I

3.1 Grundtätigkeiten am Beispiel „Rollen und Überschlagen"

3.2 Geräte- und Bewegungserfahrungen am Beispiel „Schwebebalken (auch für Jungen) und Parallelbarren (auch für Mädchen)"

3.3 Kooperation und Mitbestimmung am Beispiel „Helfen und Sichern"

3.4 Probleme lösen am Beispiel „Sprunghocke am Kasten / Pferd längs gestellt"

3.5 Rhythmisierungsfähigkeit am Beispiel „Synchronturnen"

3.6 Bewegungsphantasie am Beispiel „Kletterlandschaft"

3.7 Von der Bewegungserfahrung zur Bewegungsfertigkeit am Beispiel „Flick-Flack"

3.8 Turnen als Mannschaftsdisziplin am Beispiel „Akrobatik"

3.9 Bauen und Üben am Beispiel „Minitrampolin"

3.10 Gestalten am Beispiel „Gruppenturnen"

Kapitel 3

Exemplarische Unterrichtseinheiten für die Sekundarstufe I

Schulturnen soll sich verschieden präsentieren. Das Spiel mit dem Barren-Modell bindet Turnen in der Schule an Ziele und Inhalte und damit auch an Methoden. Schulturnen darf nicht unter Missachtung von sachlichen Bedingungen und von schulischen Zwängen ausgeübt werden und es darf nicht von den Launen der Schüler oder der Lehrer abhängig sein.

Ziele der Turnausbildung nach dem Barren-Modell

- Körper- und Bewegungsfahrungen durch Turnen sammeln und erweitern
- Bewegungsfähigkeiten und Bewegungstätigkeiten des Turnens (kennen)lernen, üben und trainieren
- Bewegungsfertigkeiten durch Turnen erlernen
- Bewegungsfolgen an Geräten erlernen
- Synchronturnen anwenden
- Traditionelle Fertigkeiten des Turnens an ungewöhnlichen Geräten ausprobieren, üben und darstellen
- Im Partner- und Gruppenturnen gestalten - sich in der Gruppe körperlich durch Turnen ausdrücken
- Körperbeherrschung erleben
- Spannung und Erlebnis als Elemente des Turnens erfahren - etwas wagen und verantworten
- Persönliche Leistung erbringen und zeigen - Leistung einschätzen und reflektieren
- Wahrnehmungsfähigkeit auf spezifische Bewegungen lenken - spezielle Ästhetik des Turnens und typische Bewegungsrhythmen erleben
- Spezifische Sozialisationsmöglichkeiten durch Hilfestellung, Kooperation und Mitbestimmung erfahren
- Sicherheit im Transport, beim Auf- und Abbau und bei der Benutzung von Großgeräten erwerben
- Gerätekombinationen bauen und Bewegungen daran erkunden
- Verschiedene methodische Verfahren durch Turnen kennen lernen
- Charakteristische Bewegungsstrukturen kennen lernen - Bewegungsabsichten und Bewegungsthemen des Turnens erschließen
- Fitness durch Turnen verbessern und Gesundheitsbewusstsein entwickeln
- Gemeinsam im Turnunterricht handeln, spielen und sich verständigen

Exemplarische Unterrichtseinheiten

Differenzen zwischen einem Bewegungskonzept und einem Sportartenkonzept werden mit dem Barren-Modell überwunden, indem die Turnausbildung ebenso wenig sowohl einer reinen traditionalistischen Position als auch einem blinden Aktivismus folgt.

Um Bewegungsentwicklungen der Kinder und Jugendlichen durch Turnen zu fördern, wird ein aufgabengerechtes Bewegungskonzept bereit gestellt, das über den Rahmen der Sportart Gerätturnen hinausgeht, ohne diese auszuschließen. Folglich ist der Bedarf an grundlegenden Spiel-, Körper- und Raumerfahrungen aufgegriffen worden, der durch Turnen gedeckt werden kann. Gleichzeitig bleiben die zentralen Aufgaben des Turnens, wie das Verbessern von Leistungen der Schüler in dieser Sportart und das Gefallenfinden der Schüler an Bewegungsvirtuosität und Bewegungsfertigkeit, erhalten.

10 exemplarische Unterrichtseinheiten

Im Folgenden werden *10 Unterrichtseinheiten* vorgestellt, die den im Barren-Modell erarbeiteten Kriterien entsprechen und den oben aufgeführten Zielperspektiven folgen. Diese Unterrichtseinheiten können nur Vorschlagscharakter haben. Sie greifen Themen aus einem riesigen Möglichkeitsbereich auf und sind im Sinne einer „Umrissplanung" für den Turnunterricht in der Sekundarstufe I zu verstehen. Es ist immer wieder betont worden, dass im Schulturnen flexible Handlungsmuster gelten müssen, sodass schon allein diese Voraussetzung eine apodiktische Vorstrukturierung unmöglich macht. So können die praktischen Beispiele nie als kompromissloses Ablaufprogramm verstanden werden. Sie geben Unterrichtstipps und reihen sich in die Handhabung von Turnen nach dem Barren-Modell ein.

Zur Durchführung der Unterrichtseinheiten bedarf es einiger Voraussetzungen. Die Praxisteilnehmer müssen – zumindest durch den Grundschulsport – bereits Erfahrungen mit Turnen gemacht haben und sich Fertigkeitswissen sowie Wissen um die Vielfalt des Turnens angeeignet haben. Die folgenden Beispiele setzen weiter voraus, dass

Voraussetzungen zum Turnen nach dem Barren-Modell

- die Schüler Geräte auf-, um- und abbauen können,
- die Schüler es gewohnt sind, in Gruppen zu arbeiten,
- die Schüler sich gegenseitig helfen können,
- die Lehrer vielfältige Qualitäten im Hinblick sowohl auf das Gerätturnen als auch auf das Freie Turnen mitbringen,
- die Lehrer sicher sind in der Wahl und Durchführung ihrer Helferaktionen,
- die Schüler Erfahrungen mit der Selbststeuerung von Lernprozessen machen konnten,

- die Lehrer über Fähigkeiten im Hervorlocken von Kreativität und Phantasie verfügen,
- die Lehrer sich aktiv am Unterrichtsgeschehen beteiligen können und
- Unterrichtsmethoden, wie Gruppenarbeit und Unterrichtsmittel, wie Auf- und Abbau nach Plan, wie Sporttreiben nach Arbeitsplänen etc. den Schülern und Lehrern bekannt sind.

Die gewünschte Mehrperspektivität kann dazu führen, dass einzelne Aspekte des Turnunterrichts nur noch kurzzeitig behandelt werden, um möglichst schnell zu weiteren Themenkomplexen überzugehen. Es reicht deshalb nicht aus, etwa eine Bewegungslandschaft aufzubauen, an der die Schüler frei improvisieren. Wenn neben dem Inhalt nicht Anlass, Adressat, Form und Gestaltung als spezifische Faktoren des Turnens erkannt werden, läuft dieses Angebot Gefahr, sich außerhalb des Netzwerkes zum Turnen zu bewegen. Der Lehrer muss dem Schüler bei der Vernetzung helfen, indem er Bewegungen unterbindet, die nicht zum Turnen gehören. Eine Vernetzung findet erst dann statt, wenn über das Ausprobieren hinaus Hilfen angeboten werden, mit denen das Spezifische am Turnen geübt, wiederholt und trainiert werden kann.

Handlungsweisen wie lernen, üben, trainieren, gestalten, experimentieren, explorieren, wiederholen, anwenden oder beraten müssen dazu gleichermaßen in Erscheinung treten.

Die beschriebenen Praxisbeispiele sind als Unterrichtseinheiten dargestellt. Eine Einheit kann einer Doppelstunde Sport entsprechen. Die zeitliche Planung muss jedoch, je nach Übungsbedarf und Interesse am Thema, von Klasse zu Klasse variieren.

Exemplarische Unterrichtseinheiten 33

Bewegungsthemen für ein Turnen nach dem Barren-Modell

10 Unterrichtseinheiten nach dem Barren-Modell:
1. Grundtätigkeiten am Beispiel „Rollen und Überschlagen"
2. Geräte- und Bewegungserfahrungen am Beispiel „Schwebebalken (auch für Jungen) und Parallelbarren (auch für Mädchen)"
3. Kooperation und Mitbestimmung am Beispiel „Helfen und Sichern"
4. Probleme lösen am Beispiel „Sprunghocke am Kasten/Pferd längs gestellt"
5. Rhythmisierungsfähigkeit am Beispiel „Synchronturnen"
6. Bewegungsphantasie am Beispiel „Kletterlandschaft"
7. Von der Bewegungserfahrung zur Bewegungsfertigkeit am Beispiel „Flick-Flack"
8. Turnen als Mannschaftsdisziplin am Beispiel „Akrobatik"
9. Bauen und Üben am Beispiel „Minitrampolin"
10. Gestalten am Beispiel „Gruppenturnen"

Um die Einbindung in das Barren-Modell und um die Wirkung des Unterrichts nachvollziehen zu können, wird eine ausführliche Beschreibung der Unterrichtsthemen unter den Gliederungsaspekten *Thematik, Intention, Organisation* und *Realisierung* vorgenommen.

Die einzelnen Unterrichtseinheiten sind nach der klassischen Einteilung von Sportunterricht in *Spezifische Erwärmung/Einstieg, Hauptteil/Erarbeitung* und *Ausklang/Entspannung/Ergebnissicherung* veranschaulicht. Das Thema der Stunde wird als durchgängiges Prinzip immer bereits in der Erwärmung/Einstimmung sichtbar, sodass möglichst viel Zeit zum spezifischen Bewegen gegeben ist.

Es wird überdies kein exotischer Turnunterricht vorgeschlagen, für den die Bedingungen an Schulen erst noch geschaffen werden müssen. Es wird gezeigt, dass unter Berücksichtigung derzeitiger Gegebenheiten, die an fast allen Schulen im Sekundarbereich I vorliegen, attraktiv geturnt werden kann.

3.1 Grundtätigkeiten am Beispiel „Rollen und Überschlagen"

3.1.1 Thematik

Wenn es um Rechtfertigungen für ein Turnen in der Schule geht, wird immer wieder betont, dass sich Turnunterricht positiv auf die Ausbildung von Grundtätigkeiten auswirkt. Grundtätigkeiten sind Bewegungsmuster, mit denen Menschen ihren Bewegungsalltag vollziehen und sie darüber hinaus bei guten Grundlagen in die Lage versetzen, Bewegungen auf höherem Niveau leichter und Kräfte sparender auszuführen. Gerätturnen wird in diesem Zusammenhang gerne als Mittel eingesetzt, um Kinder und Jugendliche in der für sie wichtigen Entwicklung ihrer Motorik zu unterstützen. Als Voraussetzung für einen diesbezüglichen Turnunterricht muss gelten, den Schülern die Aneignung von Tätigkeiten zu ermöglichen, die für sie in ihrem schulsportlichen und freizeitsportlichen Kontext von Bedeutung sind. Die Ausbildung solcher Grundtätigkeiten vor dem Hintergrund von Bewegungsauffälligkeiten von Kindern und Jugendlichen ist häufig zu einer Hauptaufgabe im Turnunterricht geworden. Was sich angeblich durch die heutigen Lebensgewohnheiten der Kinder und Jugendlichen nicht mehr automatisch erschließt, soll durch Turnunterricht ausgeglichen werden.

Grundtätigkeiten:
- **Rollen**
- **Balancieren**
- **Klettern**
- **Hangeln**
- **Stützen**
- **Schaukeln**
- **Fliegen**
- **Kippen**
- **Springen**
- **Felgen**

etc.

Der Turnunterricht allein kann sicherlich nicht dafür sorgen, dass in Zukunft die Schüler ihre Spiel- und Freizeitgewohnheiten wieder besser bewältigen, dass wieder weniger Bewegungsauffälligkeiten und durch

Bewegungsmangel ausgelöste Krankheiten auftreten. Das Turnen leistet einen Beitrag zur Prävention solcher auffällig gewordenen Schülerbilder. Ohne dass Turnunterricht zu einer psychomotorischen Fördereinrichtung heranwächst, ist es eine günstige Nebenerscheinung, dass urtypische Turntätigkeiten wie Stützen, Rollen, Balancieren, Klettern oder Überschlagen den Körper umfangreich bilden.

Wie sich das Thema „Grundtätigkeiten" zu einer Unterrichtseinheit ausbauen lässt, wird im Folgenden am „Rollen/Überschlagen" gezeigt. Dabei ist es im Sinne der hier vorliegenden Konzeption wichtig, dass nicht alle Ausprägungen des Rollens kultiviert werden. Durch den Unterricht lernen die Schüler, den Verlauf zu turntypischen Bewegungen nachzuvollziehen. Diese Einheit hätte ebenso gut „Fliegen" oder „Klettern" zum Thema haben können, da nach dem Barren-Modell die Lerninhalte austauschbar sind. Die Inhalte Rollen und Überschlagen sind von besonderer Bedeutung, da Schüler diese direkt dem Gerätturnen zuordnen. Klettern oder Fliegen dagegen lassen keine eindeutige Zuordnung erkennen. Mit dem „Rollen" kann der Lehrer einen geeigneten Einstieg in die umfangreiche, spezielle Bewegungswelt des Turnens geben. Außerdem wird gewährleistet, dass sich die Schüler frei bewegen, dass sie sich auch einmal von einem Partner oder einer Gruppe „mitziehen" lassen, dass sie den Bewegungsmustern anderer begegnen und dass sie sich mit dem Lehrer über Rollbewegungen abstimmen.

3.1.2 Intention

Lerngelegenheiten Die Unterrichtseinheit ist so konzipiert, dass möglichst viele Assoziationsbereiche zum Thema „Rollen" angesprochen werden. Barrenpfeiler A ist entsprechend der vermutlich unterschiedlich ausfallenden Lösungen mal näher am Gerätturnen und mal näher am Freien Turnen platziert. Im Unterrichtseinstieg sammeln die Schüler umfangreiche Erfahrungen mit dem Thema. Dabei stellen sie fest, dass Rollbewegungen im Turnunterricht in verschiedene Richtungen möglich sind, dass man sie alleine oder mit Partner ausführen kann, dass man leicht die Orientierung verliert und dass häufiges Rollen zu Veränderungen der Wahrnehmung führen kann (Schwindelgefühl). Sie erkennen, dass es „gute" und „weniger gute" Lösungen im Hinblick auf Körperreaktionen und Attraktivität sowie natürlich im Hinblick auf das Turnen gibt. Im weiteren Verlauf machen die Schüler spezifische Lernerfahrungen. Erarbeiten, Erlernen, Erschweren und Verändern der „Rolle" bis hin zum „Salto" zeichnen den Entwicklungsweg dieser Unterrichtseinheit. Der methodische Weg ist weniger auf Perfektion und Bewegungskunst ausgerichtet. Die Schüler erleben, dass Momente ohne Bodenkontakt und ohne Orientierung spannend sein können und dass sich ein erhabenes Gefühl durch das Wiedererlangen des festen Bodens unter den Füßen einstellen kann (auch Barrenpfeiler B wechselt ständig seine Einstellung).

Die Unterrichtseinheit hat durch eine oberste Einstellung am Barrenpfeiler C die durchgängige Ausrichtung an den individuellen Interessen und persönlichen Voraussetzungen der Schüler zum Thema „Rollen" zum Ziel.

Einstellungen im Barren-Modell

Organisatorisch ist der Unterricht ohne Bedenken in allen Sporthallen durchführbar, während hinsichtlich der Noten- und Lehrplanverordnung Kompromisse zu machen sind. So kann am Pfeiler D eine geringe Tendenz zur Öffnung und Veränderung von Schulnormen veranschaulicht werden.

3.1.3 Organisation
Das Thema der Stunde ist bereits in der *Erwärmung* sichtbar.
Der *Hauptteil* bietet offene und gebundene Aufgaben zum „Rollen". Anschließend erlernen die Schüler die Rolle vorwärts unter erleichterten Bedingungen. Abwechslungsreiche Übungsangebote bieten die Möglichkeit zum Erschweren dieser Bewegungsfertigkeit bis hin zu einer Saltobewegung.

Das *Gestalten* mit einem Partner und in einer Gruppe ist möglich, während gleichzeitig Freiräume gegeben werden, die zum „Spielen" mit dieser Rollbewegung auffordern.

Der Unterricht kann bei Bedarf mit einem *Entspannungsteil* enden. Hier können die Schüler die wohltuende Wirkung eines Tennisballes oder Massageigels spüren, der über die Muskulatur „rollt".

Der Unterrichtseinstieg sowie alle Formen von Rollbewegungen sind flexibel im Turnunterricht der 5. und 6. Klasse einsetzbar, während weiterführende Übungen je nach Interessen und Voraussetzungen in Abstimmung mit jeder einzelnen Klasse getroffen werden müssen.

3.1.4 Realisierung
Jeder Schüler besitzt einen Gymnastikball. Die Schüler erinnern sich im freien Umgang mit dem Handgerät Ball an verschiedene Rollvariationen. Sind die Schüler nicht in der Lage, sich kreativ mit dem Ball auseinander zu setzen, können Bewegungstipps gegeben werden. Die Schüler imitieren das Rollverhalten des Balles mit ihrem Körper. Aufgaben mit dem Ball können lauten:

Erwärmung / Einstieg in das Thema „Rollen"

Beispiel „Rollen und Überschlagen" 37

- Ball (mit geschlossenen Augen) rollen.
- Ball rollen und gleichzeitig verschiedene Formen des Laufens, Hüpfens und Springens um und über den Ball ausprobieren.
- Ball am Körper entlang rollen.
- Den Ball rollen. Der Körper imitiert die Bewegung des Balles.
- Ball mit unterschiedlichen Körperteilen „ins Rollen bringen", die Hände sind als Hilfsmittel auszuschließen.
- Ball ohne die Zuhilfenahme der Hände an einer Wand hoch rollen.
- Ball in Rückenlage hoch werfen, anschließend um die Körperlängsachse rollen (einmal, zweimal, einmal hin und einmal zurück). Ball anschließend wieder fangen.
  Variation: Drehungen um die Körperbreitenachse.
- In Rückenlage den Ball zwischen Bauch und Oberschenkelvorderseite einklemmen. Aus der Rückenschaukel, ohne Ballverlust und ohne Zuhilfenahme der Hände, in den Hockstand gelangen.

Aufbau

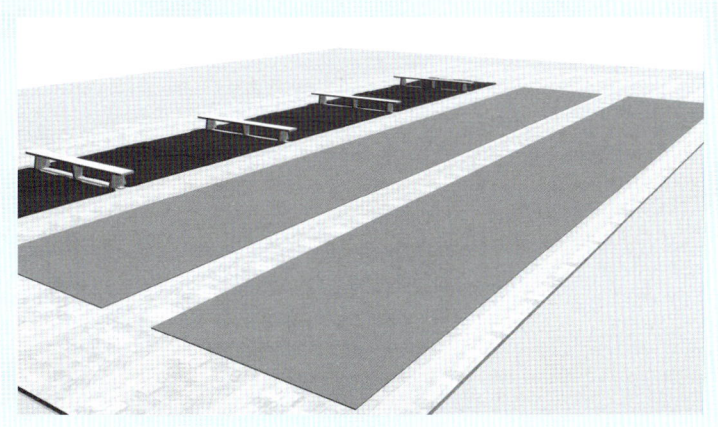

Vier Langbänke quer und in gleichen Abständen zueinander aufstellen. Es muss zwischen den Bänken Platz für je zwei längs ausgerichtete Gerätturnmatten sein. Die Gerätturnmatten auslegen. Zusätzlich werden zwei Bodenläufer ausgerollt.

Hauptteil an den Langbänken
Die Schüler können Übungen aus unterschiedlichen Angeboten auswählen. Die Übungen gelten als Wahlmöglichkeiten und nicht als Verpflichtungen zum Turnen. Sie werden von dem Lehrer erklärt/vorgemacht oder von einem Schüler demonstriert. Der Lehrer lässt zwischendurch immer wieder die wichtigsten bewegungstechnischen Hinweise einfließen.

Folgende Übungen sollen in drei Riegen über alle Bänke geturnt werden:
- „Aufknien" auf der Bank, abrollen auf die Matte.
- S. o. und ein „auf dem Kopf stehendes" Bild, das an der Bank angebracht ist, beim Rollen betrachten. Die Schüler neigen automatisch den Kopf zur Brust.
- S. o. und ein Partner steht dem Turner gegenüber und reicht diesem zum Aufstehen die Hände. Es wird verhindert, dass die Schüler die Hände zum Aufstehen benutzen.
S. o. und der Turner klatscht mit einem Partner im Anschluss an die Rollbewegung in die Hände.
- S. o. und im Anschluss an die Rolle einen Strecksprung ausführen. *Variationen:* Strecksprung zusammen mit einem gegenüberstehenden Partner, dabei am obersten Punkt gemeinsam in die Hände klatschen.
- Rolle vorwärts aus dem Hockstand von der Bank turnen. Dabei auf die Streckung der Beine und Stütz der Hände vor dem Abrollen achten.

An der Langbank
- Längs auf die Langbank mit geringem Anlauf aufrollen (sichern!).
- „Rolle vorwärts" auf der Langbank (sichern!).
- Bäuchlings auf die Langbank legen, die Mitschüler heben die Bank an einem Ende so an, dass eine schiefe Turnfläche entsteht (gegenüberliegendes Bankende bleibt am Boden). Der Schüler zieht sich abwärts zum Ende der Langbank und verlässt die Bank mit einer „Rolle vorwärts" auf eine Matte.

Steigerung des Hauptteils

Beispiel „Rollen und Überschlagen"

Am Bodenläufer
- „Rolle vorwärts", währenddessen einen Gymnastikball zwischen Bauch und Oberschenkeln einklemmen. Diesen sollten die Turner während der Bewegungsausführung nicht verlieren.
  Ball in einem schräg nach vorn ansteigenden Winkel fest aufprellen, „Rolle vorwärts" turnen und den Ball anschließend wieder fangen.
- „Doppelrolle" mit einem Partner.

- „Rolle vorwärts" zu zweit (zu dritt, in der Gruppe) mit Handfassung in einer Reihe.
- Zu zweit: Aus dem „Flieger" oder „Überzug" abrollen (sichern!).
- Zu zweit: Bocksprung mit anschließendem prellenden Absprung zur Sprungrolle als Bewegungsverbindung turnen.
- Zu zweit: „Schubkarren" bis zur Mitte des Bodenläufers (oberhalb der Kniegelenke fassen!) und anschließend abrollen.
  Variation: Insofern die Schüler genügend Stützkraft und Körperspannung haben, kann diese Übungsform als Pendelstaffel durchgeführt werden.

Nach einer gemeinsamen Übungszeit von etwa 45 Minuten (im Falle einer Einzelstunde im nachfolgenden Sportunterricht) beschäftigen sich die Schüler selbstständig mit den oben aufgeführten Übungsaufgaben. Einige mutige Schüler erlernen mit dem Lehrer die Saltobewegung.

Von der „Rolle vorwärts" zum „Salto vorwärts"

Die „Rolle vorwärts" und der „Salto vorwärts" gehören zwei unterschiedlichen Strukturgruppen an. Die Elemente unterscheiden sich hinsichtlich ihrer räumlichen, zeitlichen und energetischen Struktur vorwiegend in der Hauptfunktionsphase. Um einen negativen Transfer zu verhindern, sind methodische Maßnahmen zu wählen, die den Übergang von der Rollbewegung zur Überschlagbewegung erleichtern.

Hierzu bietet sich der „Mattenberg" als methodische Maßnahme an.

Vier Weichbodenmatten aufeinander gelegt ergeben einen Mattenberg. Ein Sprungbrett unterstützt den Absprung.

Zusätzlicher Aufbau

- „Aufrollen" auf den Mattenberg. Der Lehrer steht vor dem Mattenberg zwischen Sprungbrett und Matten. Er unterstützt die Aufwärts- und Rotationsbewegung mit einer kombinierten Schub- und Drehhilfe oberhalb der Hüfte und an der Oberschenkelvorderseite.
- „Freie Rolle" (Rolle ohne Zuhilfenahme der Hände zum Stütz) auf den Mattenberg.
- S. o. und Tempo und Höhe steigern.

- „Salto vorwärts" auf den Mattenberg. Der Lehrer sichert hinter dem Mattenberg.
- Mattenberg allmählich abbauen (nach und nach eine Matte von der Erhebung ziehen).

Alle kennen gelernten Rollbewegungen werden mit einem oder mehreren Partner/n in eine Kurz-Gestaltung (20 sec.) gebracht. Der Lehrer gibt – wenn notwendig – Bewegungsverbindungen vor.

Ergebnissicherung

Übungsformen, die nur an einem Gerät ausgeführt werden können, führen automatisch zu Rückstau, vor allem bei zahlenmäßig sehr großen Klassen. Damit die Schüler nicht so lange warten müssen, werden

Beispiel „Rollen und Überschlagen" 41

Zusatzaufgaben angeboten, die ohne Aufsicht des Lehrers durchgeführt werden können. Diese Übungen verfolgen den Sinn, die Schüler von den ständigen Rollbewegungen abzulenken, bei denen leicht Schwindelgefühle auftreten können. Außerdem wird damit eine gewisse Bewegungsintensität gewährleistet, die prinzipiell im Sportunterricht vorherrschen muss. Bewegungsaufgaben können lauten:
- fünf „Zappel-Handstände" ausführen.

- Im „Lauftempo" zehn verschiedene Geräte in der Turnhalle berühren.
- Mit einem beliebigen Partner drei „Bocksprünge" ausführen.
- Mit einem beliebigen Partner „Schubkarren" fahren.

Die Schüler massieren sich partnerweise (ein Partner in Bauchlage) mit einem Tennisball/Massageigel den Rücken, die Arme und die Beine. Dabei spüren sie, dass rollende, gleichmäßig ausgeführte Bewegungen am Körper eine entspannende Wirkung erzielen. **Entspannung**

3.2 Geräte- und Bewegungserfahrungen am Beispiel „Schwebebalken (auch für Jungen) und Parallelbarren (auch für Mädchen)"

3.2.1 Thematik

Der Schulturnunterricht bietet Raum für besondere Lern- und Körpererfahrungen. Bildungspläne für die Sekundarstufe I sehen das Turnen an standardisierten Geräten vor. Systemimmanente Forderungen verlangen nach einem Turnen am Schwebebalken für Mädchen und am Parallelbarren für Jungen. Hierbei handelt es sich um zwei genormte Geräte, an denen auch im Spitzensport geturnt wird. Die Schüler sollen an diesen Geräten Fertigkeiten erlernen oder bereits erlernte Fertigkeiten in Bewegungsverbindungen ausführen. Dieser Anspruch scheint jedoch erhöht, zumal oftmals keinerlei Angaben gemacht werden, wie die Schüler die Voraussetzungen für ein solches Fertigkeitsturnen erwerben.

Die folgende Unterrichtseinheit wurde aus der Notwendigkeit heraus entwickelt, dass Schüler zuerst fundamentale Erfahrungen an Geräten sammeln müssen, bevor traditionell geturnt werden kann. Kein Gerät eignet sich besser, um an ihm zu balancieren, als der Schwebebalken.

Der Parallelbarren fordert zum Stützen oder Stützeln heraus und trainiert die Arm- und Schultergürtelmuskulatur. Bestimmte Übungen, wie die „Standwaage" am Schwebebalken oder das „Schwingen im Stütz" am Parallelbarren, gelten als günstige Voraussetzungen zum Erreichen der in den Bildungsplänen verankerten Ziele. „Nichtgenormte" Bewegungen können allerdings zu gleichen Zielen führen, weshalb es sich wiederum als sinnvoll erweist, zwischen Tradition und individueller Bewegungsdeutung zu vernetzen.

Die Vorgaben zum formalen Turnen in der Schule sehen das Schwebebalkenturnen als ausschließlich weibliche und das Barrenturnen als ausschließlich männliche Form des Bewegens vor.

Warum aber sollen Schülerinnen vom Erwerb der Stützkraft und Schüler vom Erwerb der Gleichgewichtsfähigkeit ausgeschlossen sein? Da es keinen Sinn macht, Mädchen und Jungen von diesen – für die Alltagsmotorik wichtigen – Grundkompetenzen fern zu halten, verpflichtet die folgende Unterrichtseinheit den Schwebebalken auch für Jungen und den Parallelbarren auch für Mädchen. Im koedukativen Miteinander ist es anregend, wenn Mädchen ihr Können am Schwebebalken den Jungen weitervermitteln und die Mädchen von den Jungen beim Turnen am Barren lernen. **Auch Mädchen üben das Stützen und Jungen üben das Balancieren**

Bewegungskönnen und differenzierte Bewegungserfahrung stehen im Wechsel, was an dem im Modell einzustellenden Barren-Pfeiler A deutlich werden muss. Dieser wechselt symbolisch seine Position während der Unterrichtseinheit ständig. Mit dem Bewegungsgut ändern sich gleichzeitig die didaktischen Ansprüche von Übung zu Übung (Pfeiler B). Mal erfordert dieser Unterricht von den Schülern die perfekte Lösung und mal werden Freiräume zum individuellen Problemlösen einkalkuliert.

Ein zusätzlicher Anreiz zum Bewegen wird durch die Möglichkeit der gegenseitigen Bewertung der Schüler untereinander gegeben. Die Schüler entscheiden, ob ein Partner die Bewegungsanweisung oder das Bewegungsproblem gelöst hat und ob eher die Perfektion oder die Bewegungsphantasie als Bewertungsmaßstab angesetzt werden soll. Die Aufgabenstellungen sind schriftlich fixiert, sodass einige Aufgaben sogar nur programmatische Bewegungslösungen an den Balanciergeräten und Stützgeräten zulassen (Barrenpfeiler C rastet an unterster Stelle ein). Veränderungen zu einer herkömmlichen Schulstruktur sind nur dadurch gegeben, dass sich der Lehrer, nach vorausgegangener ausführlicher Organisation, als Beobachter, Berater, **Einstellungen im Barren-Modell**

Motivator und Helfer zurückziehen kann. Die organisatorische Planung (Plakate, Laufzettel etc.) erlaubt es, dass die Schüler sich zwar selbst überlassen bewegen, aber dennoch von Übungsblättern begleitet und vom Lehrer beobachtet werden. Die Rahmenbedingungen für Turnunterricht müssen demnach geringfügig gegenüber dem gängigen Schulturnen geändert werden, was symbolisch im Barren-Pfeiler D ausgedrückt wird.

3.2.2 Intention

Lerngelegenheiten Die Schüler lernen sowohl in spielerischer Form, als auch nach exakten Ausführungsanweisungen das Turnen an den Geräten Schwebebalken und Parallelbarren kennen. Statt in einem gängigen Riegenbetrieb lange Wartezeiten hinter den Geräten in Kauf zu nehmen und statt umfangreichen Erklärungen des Lehrers zuhören zu müssen, können die Schüler bewegungsintensiv und abwechslungsreich üben und gleichzeitig die allgemeine Balancier- und Stützfähigkeit schulen. Außerdem erschließen die Schüler selbstständig den normierten Umgang mit typischen Geräten im Turnen. Gleichzeitig wird die Geschlechterspezifik aufgehoben. Die Mädchen lernen typisches Jungenturnen und die Jungen typisches Mädchenturnen kennen. Am Schwebebalken wird insbesondere das Balancieren, Drehen und Springen, am Parallelbarren das Stützen, Stützeln, Schwingen und Abgehen vom Gerät altersadäquat geübt. Die Schüler erfahren zusätzlich die motivationale Unterstützung durch einen Partner. Der Partner erklärt, hilft, beobachtet und bewertet die Bewegung. Vereinzelt sind die Aufgaben nur zu zweit zu bewältigen, was partnerschaftliche Bewegungsdynamik erfordert. Eine Sammlung von freien und standardisierten Aufgaben konfrontiert die Schüler mit der Bewegungsvielfalt an den Geräten. Vereinzelt wurden dafür nicht nur die Übungen, sondern auch die Geräte im Vergleich zur Wettkampfnorm entfremdet.

Klassenstufe 5–10 Je nach Schwierigkeitsgrad der Aufgabe ist diese Unterrichtseinheit in den Klassenstufen 5–10 realisierbar. Hier sei noch einmal darauf hingewiesen, dass weniger die Übungsauswahl, sondern die Vorgehensweise beachtet werden soll.

3.2.3 Organisation

Die *Erwärmung* durch „Stepaerobic" an Langbänken gewöhnt die Schüler allmählich an Gleichgewichtaufgaben. Es folgt eine vorbereitende kurze *Dehnphase* an den Langbänken.

Der *Aufbau* der Geräte erfolgt in Gruppen, die zuvor spielerisch eingeteilt wurden. Ein Aufbauplan erleichtert das Organisieren des Geräteaufbaus.

Im *Hauptteil* wird im Stationsbetrieb geturnt. Dabei übt, wenn möglich, ein Mädchen zusammen mit einem Jungen. Die Mädchen geben Hinweise zu den schwebebalkentypischen Übungen, die Jungen zu den barrentypischen Übungen. An den Stationen sind Bewegungsanweisungen ausgelegt. Der Unterricht wird von den Schülerpaaren eigenverantwortlich hinsichtlich Bewegungsausführung, Sicherung, Tempo, Dynamik und Bewertung bearbeitet. Treten Probleme auf, steht der Lehrer mit Hilfe, Motivation, Animation, Schwung-Erhaltung und Beratung zur Verfügung. Der Hauptteil ist beendet, wenn alle in den Arbeitspapieren vorgeschlagenen Übungen ausgeführt wurden.

Die eigenständige Wahl der Geräte sowie des Bewegungstempos führen zu unterschiedlichen Belastungsdauern, sodass diejenigen Paare mit einer *Entspannung* beginnen können, die den Parcours frühzeitig durchlaufen haben.

3.2.4 Realisierung

Erwärmung

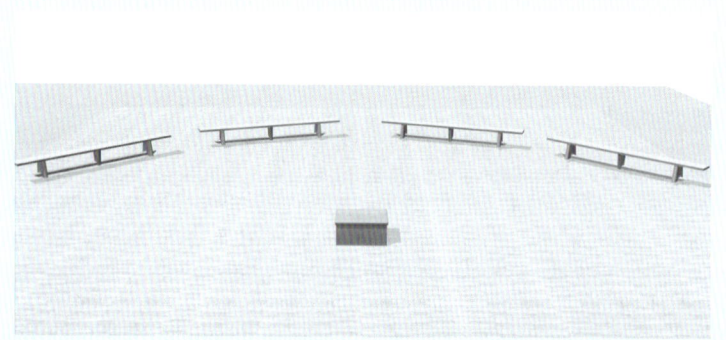

Step-Aerobic
Die Schüler befinden sich hinter Langbänken, die in Form eines Halbkreises angeordnet wurden. Der Lehrer führt Bewegungen an einem kleinen Kasten vor, die von den Schülern imitiert werden. Er demonstriert einen für die Step-Aerobic typischen Schritt; Schritt A = Grundschritt. Die Schüler machen den Schritt nach. Auf aktuelle Musik (im „Gehtempo") wiederholen die Schüler den ersten Schritt acht Mal. Ein Schritt B = Grundschritt mit Drehungen wird erlernt. A und B werden kombiniert. Ein Schritt C = Grundschritt mit zusätzlichen Arm- oder Beinbewegungen (D, E etc.) wird erlernt und an die vorherige Verbindung angehängt.

Variationen: a) die Kombination immer mit dem rechten Bein beginnen, b) die Kombination immer mit dem linken Bein beginnen, c) auf vier (zwei oder eine) Wiederholung je Schritt reduzieren und d) kurze Bewegungsstopps auf der Langbank mit einbeziehen (Balance!).

Dehnung der Muskulatur

Je jünger die Schüler sind, desto schwieriger ist es, mit ihnen Dehnübungen durchzuführen. Mangelnde Konzentrationsfähigkeit der Schüler, ungenügende Qualifikation der Lehrer hinsichtlich funktioneller Gegebenheiten der Muskulatur, verbunden mit der fehlenden Effektivität einer Dehnung, lassen diese Phase häufig überflüssig erscheinen. Aus unterschiedlichen Gründen, wie der Verweis auf ein späteres außerschulisches Sporttreiben, auf Gewohnheiten im Sport etc. erscheint es dennoch manchmal sinnvoll, verschiedene Muskelgruppen auf den Hauptteil der Sportstunde vorzubereiten. Dehnen hat hier vorwiegend eine erzieherische Funktion. Der Lehrer entscheidet in eigenem Ermessen, ob eine solche ausführliche Vorbereitung der Muskulatur notwendig ist. Entscheidet er sich für ein Dehnen, so müssen Möglichkeiten gefunden werden, wie effektiv, funktionell und zudem motivierend gedehnt werden kann. Dazu ein Beispiel:

Macht-Das!
Die Schüler stellen sich hinter die Bänke. Der Lehrer steht hinter dem kleinen Kasten. Er beschreibt ausführlich, wie eine bestimmte Dehnposition einzunehmen ist und integriert den Kasten (Langbank) als Hilfsmittel. Er führt die Bewegung vor. Erst wenn er in verschiedenen Beschreibungspausen die Worte „Macht-das!" ausgesprochen hat, dürfen die Schüler die Bewegung nachvollziehen. Wer sich vorher bewegt bzw. eine eingenommene Dehnposition wieder verlässt, bevor der Lehrer „Macht-das!" gesagt hat, muss zum Ausgleich (und natürlich zur Strafe) eine Runde im Uhrzeigersinn um den Kreis laufen. Diese Übungsform bewirkt, dass die Schüler bei der Beschreibung und Demonstration zuhören.

Gruppeneinteilung für den Geräteaufbau

Die Schüler ziehen Kärtchen, die zuvor in der Hallenmitte ausgelegt wurden. Die Kärtchen sind mit vier unterschiedlichen Liedern bedruckt (zum Beispiel: „Alle meine Entchen", „Yesterday", „In München steht ein Hofbräuhaus", „Happy birthday"), sodass sich vier gleich große Gruppen für den Aufbau ergeben. Die Schüler haben die Aufgabe das Lied summend, klatschend, stampfend oder pfeifend zu präsentieren. Sie suchen nach Mitschülern, die das gleiche Lied hörbar machen. Singen ist nur ohne Text erlaubt, da sich die Gruppen ansonsten zu schnell finden. Nachdem sich die Gruppen zusammengefunden haben, stellen sie die Lieder kurz vor.

Aufbau

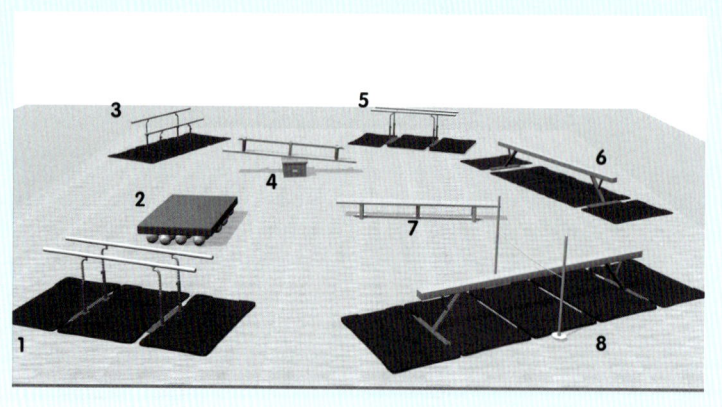

Die Schüler bauen in Gruppen an Orientierungskegeln, die in der Halle verteilt und mit den Stationsnummern 1 bis 8 versehen sind, folgende Geräte auf:

Übersichtplan
Gruppe A: Lied „Alle meine Entchen":
  Station 1: Parallelbarren, mit Matten absichern
  Station 2: Weichbodenmatte auf Medizinbällen aufgelegt
Gruppe B: Lied „Yesterday"
  Station 3: Parallelbarren gestuft, mit Matten absichern
  Station 4: Bankwippe: eine umgedrehte Langbank wird in ihrer Mitte auf einen kleinen Kasten gelegt.
Gruppe C: Lied „In München steht ein Hofbräuhaus"
  Station 5: Parallelbarren, mit Matten absichern
  Station 6: Schwebebalken, mit Matten absichern
Gruppe D: Lied „Happy birthday"
  Station 7: Langbank
  Station 8: Schwebebalken (niedrige Höhe) zwischen zwei Reckpfeilern. Die Reckpfeiler sind mit einer Zauberschnur verbunden. Der Abstand zwischen Balken und Zauberschnur soll nicht mehr als 15–20 cm betragen. Eine Weichbodenmatte liegt zur Sicherheit unter dem Schwebebalken.

Beispiel „Schwebebalken und Parallelbarren" 49

Partnerfindung   Selbstständig bilden sich gemischt-geschlechtliche Pärchen. Wenn man sich an den Tanzkurs zurück erinnert, könnte im entsprechenden Alter eine *Damenwahl* oder *Herrenwahl* interessant werden.

Erklärung des Ablaufs   Alle Schüler erhalten einen Turnerpass, auf dem der Name eingetragen wird. Anschließend werden die Zettel mit dem Partner getauscht. Ab diesem Zeitpunkt ist der jeweilige Partner für den anderen verantwortlich, er begleitet ihn ständig, er sichert und hilft beim Bewegen, er erklärt Bewegungen, er vollzieht mit dem anderen die Partneraufgaben und er beurteilt die Bewegungen des anderen. Für das Erfüllen einer Aufgabe wird das Symbol :-) und bei „Nicht-Erfüllen" das Symbol :-(an der vorgesehenen Stelle eingetragen.

Turnerpass
Name:

	A	B	C	D	E	F	G
1							
2							—
3							
4							
5						—	—
6							—
7							—
8							—

Hauptteil   Im Turnerpass sind die Nummern der Geräte in den *Zeilen* vermerkt. Die jeweiligen Arbeitspapiere mit den Übungen liegen an den einzelnen Stationen aus. Sie sind durch Buchstaben gekennzeichnet (A–G). Diese sind im Turnerpass in *Spalten* dargestellt.

Die Paare suchen sich eine beliebige Station aus, um mit dem Durchlauf zu beginnen. Es muss nicht an der Station 1 gestartet werden. Die Paare achten darauf, dass Rückstau vermieden wird. Man sucht sich das Gerät aus, an dem die wenigsten Schüler warten. Die Schüler lesen sich gegenseitig die Übungen vor und vollziehen diese nacheinander oder bei Partneraufgaben gemeinsam. Die erfolgreich bewältigte Aufgabe wird im Turnerpass vermerkt.

Die Übungen, die den meisten Schülern unbekannt sind (Wende, Kehre, Reitsitz oder Standwaage), werden vorweg von einem Schüler oder dem Lehrer demonstriert. Die *Aufgabenbeschreibungen* (folieren) an den einzelnen Stationen lauten:

Station 1: Parallelbarren
A schwinge mehrmals und mache eine Wende als Abgang
B schwinge mehrmals und mache eine Kehre als Abgang
C schwinge mehrmals und mache eine Wende mit 1/2-Drehung
D schwinge mit deinem Partner hintereinander synchron
E schwinge so mit deinem Partner, dass du ihn anschauen kannst
F schwinge abwechselnd in den Reitsitz rechts und links
G schwinge mehrmals und grätsche 1-mal mit den Füßen vorn und 1-mal hinten auf den Holmen auf

Station 2: Weichbodenmatte auf Medizinbällen
A überlaufe die Matte längs von einer zur anderen Seite
B versuche auf der Matte das Gleichgewicht zu halten, während dein Partner die Matte hin- und herbewegt
C probiere 3 verschiedene Rollbewegungen aus
D drehe Dich zusammen mit deinem Partner mehrmals mit Handfassung (Tanze mit ihm!)
E zeige ein „Kunststück"

Station 3: Parallelbarren gestuft
A balanciere auf dem unteren Holm, halte dich am oberen Holm fest
B balanciere, ohne dich festzuhalten, auf dem unteren Holm
C balanciert mit dem Partner von unterschiedlichen Seiten los; geht aneinander vorbei
D hänge dich in den Kniehang am oberen Holm, lass dir 3-mal einen Softball zuwerfen und fange diesen
E führe eine Standwaage auf dem unteren Holm mit Festhalten am oberen Holm aus
F hangele am oberen Holm von einer zur anderen Seite
G zeigt euch gegenseitig ein „Kunststück"

Station 4: Bankwippe
A balanciere auf „allen Vieren" vorwärts von der einen zur anderen Seite
B balanciere auf „allen Vieren" rückwärts von der einen zur anderen Seite
C balanciere im Stehen vorwärts von einer zur anderen Seite
D balanciere im Stehen rückwärts von einer zur anderen Seite
E balanciert zu zweit hintereinander von einer zur anderen Seite
F balanciert zu zweit so, dass ihr einen Softball zwischen eurer Stirn festhalten könnt
G balanciere von einer zur anderen Seite und wehre die Softbälle ab, die dir dein Partner zuwirft

Station 5: Parallelbarren
A balanciere im „Vierfüßerstand" von einer zur anderen Seite
B stützele von einer zur anderen Seite
C stützele bis zur Barrenmitte, mache 1/2-Drehung, ohne den Boden zu berühren, stützele rückwärts bis zum Barrenende
D kicke beim Schwingen einen Softball weg, den dir dein Partner zuwirft
E beginnt mit dem Stützeln partnerweise von 2 Seiten; versucht aneinander vorbei zu gelangen, ohne den Boden zu berühren

Station 6: Schwebebalken

A gehe von einer Seite bis zur Mitte vorwärts, führe 1/2-Drehung aus und gehe weiter rückwärts
B geht partnerweise von unterschiedlichen Seiten los und versucht aneinander vorbei zu kommen
C balanciere vorwärts und werfe einen Ball gleichzeitig mehrmals in die Luft
D bewege dich an der Balkenunterseite fort
E schließe beim Balancieren deine Augen und wechsle öfters die Gangart
F demonstriere eine „schöne Position"

Station 7: Langbank

A ziehe dich bäuchlings über die Bank, dein Partner überspringt dich dabei mehrmals
B gehe im hohen Ballenstand über die Bank, strecke die Arme nach oben und führe öfters eine Drehung aus
C überradele mehrmals die Bank von einer zur anderen Seite
D mache eine ganze Drehung auf den Füßen und anschließend auf zwei anderen Körperteilen
E übersteige beim Balancieren deinen Partner
F schließe beim Balancieren deine Augen; der Partner achtet darauf, dass du vor dem Bankende stoppst

Beispiel „Schwebebalken und Parallelbarren" 55

Station 8: Schwebebalken zwischen zwei Reckstangen; eine Zauberschnur verbindet die beiden Stangen

A springe über die Zauberschnur: Absprung von einem Bein, Landung auf dem anderen Bein

B springe über die Zauberschnur: Absprung von einem Bein, Landung auf dem gleichen Bein

C springe über die Zauberschnur: Absprung von beiden Beinen, Landung auf beiden Beinen

D springe über die Zauberschnur: Absprung von beiden Beinen, Landung auf einem Bein

E springe über die Zauberschnur: Absprung von einem Bein, Landung auf zwei Beinen

F springe über die Zauberschnur und lande in der Hocke

Die gewählten Übungsformen zielen auf die Schulung sportartübergreifender und sportartspezifischer Fähigkeiten und Fertigkeiten. So werden etwa an Station 8 alle Möglichkeiten von Sprungvariationen gewählt, die weiterführend im formgebundenen Schwebebalkenturnen verwendet werden können. Übung D an Station 3 dagegen schult zusätzlich zum Kniehang die Wurf- und Fanggenauigkeit und die Orientierungsfähigkeit. Der Lehrer kann am Ende der Unterrichtseinheit die Turnerpässe einsammeln. Er verschafft sich einen Eindruck über die Balancier- und Stützkompetenzen der Schüler.

Varianten:
- Schwierige Übungen (Übungen, bei denen die meisten Schüler im Pass das Symbol „:-(" hinterlassen) können in folgenden Unterrichtseinheiten geschult werden.
- Balancier- und Stützgeräte können durch Geräte mit eindeutigem Charakter zum Springen, Rollen, Fliegen etc. ersetzt werden.

Sobald die Pärchen den Stationsbetrieb beendet haben, suchen sie sich gemeinsam einen Ort zum Entspannen. Sie bekommen vom Lehrer Phantasiegeschichten (Internet) ausgeteilt, die sie sich vorlesen. Jeweils ein Schüler liest, während der andere in Rückenlage die Augen verschließt und dem Text lauscht. Rollenwechsel erfolgt nach eigenem Empfinden. **Entspannung**

3.3 Kooperation und Mitbestimmung am Beispiel „Helfen und Sichern"

3.3.1 Thematik

Helfen und Sichern ist nicht alleine die Aufgabe des Lehrers

Wenn man den Aussagen der Empiriker Glauben schenkt, dann haben sich die Lebensweltbedingungen von Kindern und Jugendlichen im Gegensatz zu den Generationen davor verändert. Die Welt der Kinder und Jugendlichen ist vielschichtiger geworden. Lehrer müssen eine Anzahl von unterschiedlichen Persönlichkeiten, mit mehr oder weniger ausgeprägten sozialen Kompetenzen, unterrichten. Dies verlangt von den Lehrern eine pädagogisch-vielseitige Eignung. Die Lebensweltbedingungen heutiger Schüler führen im Turnunterricht zu einer auf der einen Seite Leistungs- und auf der anderen Seite Verhaltensschere. Hinzu kommt, dass die Fachdidaktik sehr unterschiedlich ausgeprägte Wünsche an den Turnunterricht in der Schule heranträgt.

Diese Unterrichtseinheit möchte die Bilateralität zwischen den verschiedenen Erwartungen der Fachdidaktik und den unterschiedlichen Voraussetzungen zum Turnen aufgreifen (Barrenpfeiler C rastet an oberster Stelle ein).

Vorstellungen von einem mehrperspektivischen Turnunterricht in der Sekundarstufe I können nicht vom Lehrer allein realisiert werden. Auch die Schüler müssen über Kompetenzen im Organisieren und Durchführen von Turnunterricht verfügen oder die Möglichkeit haben diese zu erlernen.

Allein die Anforderungen in einem traditionellen Turnunterricht an ein gegenseitiges „Helfen und Sichern" sind so umfangreich, dass sie stellenweise den Lehrer überfordern. Lehrer müssen Kenntnisse über technische Besonderheiten zum Auf- und Abbau der Geräte, über adäquate Sportkleidung, über sachliche, didaktische und methodische Vermittlungsverfahren und nicht zuletzt über Erfahrungen im Umgang mit den standardisierten Helfergriffen aufweisen. Nimmt man die Aussagen über die Heterogenität der Schülerkompetenzen nicht nur auf motorischer, sondern auch auf kognitiver, sozial-emotionaler, affektiver und sozio-kultureller Ebene ernst, so ist es nicht verwunderlich, wenn eine einzige verantwortliche Person mit der Organisation von Turnunterricht überfordert ist. Der Lehrer kann nicht zur gleichen Zeit an verschiedenen Orten und allen Schülern gleichzeitig zugewandt sein. In einem Turnunterricht, der vom Lehrer alleine organisiert wird, warten die Schüler ständig auf Anweisungen. Statt ihrem Bewegungsdrang nachgeben zu können, nehmen sie lange Wartezeiten in Kauf oder werden ungeduldig, ungehalten und laut.

Das Freie Turnen, das eine Schülerheterogenität konzeptionell mit einkalkuliert, ist nicht frei von Maßnahmen, die Schüler zur Selbstsicherung und gegenseitigen Hilfe befähigen. Das Freie Turnen ist darauf angewiesen, dass die Schüler freiwillig und ohne Anleitung der Lehrer auf Entdeckungsreise gehen können. Spannende Situationen mit motorischer Kompetenz, Verstand und Phantasie zu meistern, können nur dann bewältigt werden, wenn die Schüler über ein gewisses Maß an Selbstverantwortung, Selbstzutrauen und Selbstorganisation verfügen.

So ist es sowohl im Gerätturnen als auch im Freien Turnen erforderlich, Voraussetzungen für ein Miteinander zu schaffen. Ein solches Turnen muss das Helfen der Schüler untereinander und das Sichern des Übungsbetriebes mit einkalkulieren, indem die Schüler Verantwortung für andere übernehmen und sich gleichfalls auf andere verlassen können. Vor diesen Hintergründen behandelt die Unterrichtseinheit ein Turnen, das Selbsteinschätzung, Verantwortung für den Partner und Vertrauen in die eigene Leistungsfähigkeit sowie in die des Partners thematisiert. Verschiedene Organisationsformen werden ausprobiert, bei denen die Schüler sich erst einmal die Voraussetzungen zum verantwortungsbewussten individuellen Turnen erarbeiten.

Einstellungen im Barren-Modell

Barrenpfeiler A und B sind zu Anfang der Unterrichtseinheit hoch und werden im Verlauf des Unterrichts immer niedriger eingestellt. Dies setzt voraus, dass die Schüler und die Lehrer sich Zeit nehmen für die Vermittlung von Sicherheitsvorkehrungen und Helfermaßnahmen. Dennoch wird hier der Versuch unternommen, die Schüler nicht in eine Lehrerrolle zu drängen, sodass sie etwa das Gefühl haben, lediglich für die Organisation des Unterrichts zuständig zu sein. Die Unterrichtseinheit ist so konzipiert, dass die Schüler „Helfen und Sichern" als physikalisches Spiel mit dem Gleichgewicht und als körperliche Kommunikation mit dem Partner oder der Gruppe begreifen. „Kann ich mich halten und abfangen?" und „kann der Partner oder die Gruppe mich unterstützen?" lauten die Fragen zu der Unterrichtseinheit. Lässt sich der Schüler beim Turnen von einem Partner helfen, so vertraut er darauf, dass dieser ihn sicher begleitet. Hilft oder sichert ein Schüler das Bewegungsverhalten eines Partners, so trägt er Verantwortung für das Gelingen der Bewegungsausführung.

Helfen und Sichern zum Thema einer Turneinheit zu machen, ist vermutlich kein durchgängig wirkendes Unterrichtsprinzip. Auch stehen die formalen Schulstrukturen hierzu nicht günstig. Bildungsaufträge und Bildungspläne sind eher an der Ausbildung von Bewegungsfertigkeiten interessiert. Häufig wird im Unterricht vorausgesetzt, dass sich die Vorbedingungen für den Fertigkeitserwerb von selbst erschließen. Dabei wäre es sicherlich von Vorteil, wenn gerade diesem Aspekt im Turnunterricht mehr Aufmerksamkeit geschenkt würde, da sich das gegenseitige Helfen und Sichern auch positiv auf die bewegungstechnische Weiterentwicklung im Turnen auswirken wird. Barrenpfeiler D rastet an der obersten Verzahnung ein.

3.3.2 Intention

Lerngelegenheiten

Ein bewegungsintensiver Turnunterricht mit von den Schülern selbst zu lösenden Bewegungsproblemen, der zudem auf die in der Regel weit differierenden Dispositionen der Schüler eingeht, ist von einer gemeinschaftlichen Kooperation abhängig. Das klassische Bild von Turnunterricht zeigt aber eher einen Lehrer, der etwa am Reck steht, während 25 bis 30 Schüler hinter dem Gerät warten. Eventuell steht ein weiteres Reck, variiert in der Reckstangenhöhe, zur Verfügung.

Problematik des Riegenbetriebes

Diese Situation weist mehrere Probleme auf:
- Die Schüler müssen auf ihren Einsatz warten und langweilen sich.
- Die Übungsfrequenz ist reduziert, weil der Lehrer immer nur einem Schüler Hilfestellung geben kann.

- Schüler, die nichts zu tun haben, werden unaufmerksam und beschäftigen sich mit dem Unterricht fernen Themen, meist mit dem Stören.
- Der Unterricht beschränkt sich auf motorische Inhalte, während soziale und affektive Formen außer Acht gelassen werden.
- Die Schüler werden nicht am Entwicklungsprozess beteiligt.
- Eine Unterscheidung in zwei Reckhöhen stellt noch keine echte Differenzierung im Leistungsverhalten dar.

Die Unterrichtseinheit vermeidet das klassische Riegenturnen, indem die Schüler mit Aufgaben konfrontiert werden, die zu eigenverantwortlichem Handeln aufrufen. Die Schüler übernehmen Verantwortung und schaffen Vertrauen in eigene Fähigkeiten und in die der Mitschüler. Sie lernen mit Eigen- und Fremdeinschätzung umzugehen, Herausforderungen zu erkennen und sie so einzuschätzen, dass sie diese mit einer großen Wahrscheinlichkeit bewältigen. Auch der Lehrer erlangt eine bessere Einschätzung über seine Kompetenzen und kann die Kompetenzen der Mitschüler beobachten und würdigen: Sich-Verlassen auf Mitschüler, Vertrauen schaffen, Verantwortung für Mitschüler übernehmen, den eigenen Körper wahrnehmen, den Körper anderer wahrnehmen, eigene Schwachstellen kennen lernen, die Schwachstellen anderer erkennen, Bewegungen verstehen lernen, Helferkriterien kennen lernen, Helfergriffe angemessen einsetzen, Helfen und Sichern üben, Ordnung schaffen, an Regeln halten und fair turnen. Das sind Ziele, die sich für die Klassenstufen 5 und 6 gut eignen. **Klassenstufe 5 und 6**

3.3.3 Organisation
Vertrauen schaffen und Verantwortung für andere übernehmen werden gleich zu *Anfang* der Unterrichtseinheit zu wichtigen Kriterien für die Auswahl der Inhalte. Kontaktaufnahme findet erst abstrakt zu Gegenständen und später zum Partner statt. Die zugrunde liegende Übungsauswahl bewirkt gleichzeitig die *Aktivierung* und *Erwärmung* des Körpers.

Nach der Partnerfindung macht eine spielerisch organisierte Partnerarbeit auf die Halle und die Geräte aufmerksam. Anschließende Spiele mit dem Gleichgewicht bewirken, dass die Partner einen behutsamen Umgang miteinander pflegen und den Körper der Anderen und dessen Reaktionen kennen lernen.
Wenn es in der darauf folgenden *Hauptphase* nun darum geht, mit dem Partner und in der Gruppe zu turnen, merken die Schüler, dass zum Erlernen von Tätigkeiten und Fertigkeiten die Unterstützung durch Helfer notwendig ist. Die Schüler lernen normierte Helfergriffe und

deren präzise Ausführung kennen. Sie wenden diese an.
Der *Ausklang* thematisiert noch einmal das Lösen von Aufgaben in der Gruppe.

3.3.4 Realisierung

Erwärmung und Einstieg in die Thematik

Die Schüler bewegen sich nach Musik durcheinander im Raum. Zuvor werden Signale vereinbart, auf die sie entsprechend reagieren:
- ein Schlag auf die Handtrommel = Schüler berühren kurz mit dem Bauch den Boden.
- zwei Schläge auf die Handtrommel = Schüler berühren 2-mal mit dem Rücken die Hallenwand und lassen sich anschließend langsam zum Boden gleiten.
- drei Schläge auf die Handtrommel = Schüler führen 3 „Zappelhandstände" aus.
- vier Schläge auf die Handtrommel = Schüler ergreifen die Hände eines Partners in unmittelbarer Nähe und drehen sich 4x im Kreis.

Der Lehrer trommelt, zeitlich je nach Belieben, die unterschiedliche Anzahl von Schlägen, auf die die Schüler zügig reagieren. Nach dem Ausführen der Aufgabe bewegen sich die Schüler wieder im Laufrhythmus fort.

Partner kennen lernen – Vertrauen schaffen

Partnerfindung
Die Schüler beenden die vorangegangene Übungsform an einem beliebigen Platz in der Sporthalle. Sie orientieren sich im Raum und schließen die Augen, sobald sie wissen, wo sie in der Halle stehen. Mit geschlossenen Augen bewegen sie sich solange langsam zur Raummitte, bis sie an beiden Schultern einen Partner spüren. Die Schüler versuchen, immer noch mit geschlossenen Augen, einen Innenstirnkreis zu bilden und anschließend die rechte Hand in das Kreisinnere zu strecken. Sie ergreifen die Hand eines Partners, mit dem sie die nächsten Übungen ausführen. Erst wenn eine Hand gefunden wurde und nicht noch weitere Personen Kontakt aufgenommen haben, können die Augen geöffnet werden.

Mit dem gefundenen Partner führen die Schüler die folgenden Übungen aus:
Ein Partner schließt die Augen. Er wird von dem Anderen in alle Richtungen und Ecken der Sporthalle geführt. Der Führende ändert ab und zu die Dynamik, das Tempo oder den Druck beim Anfassen, sodass der „blinde" Schüler charakteristische Merkmale entdecken kann. Wie fasst mich mein Partner an? Ändert er häufig die Richtung? Nach geraumer Zeit (Lehrer gibt das Kommando) wird der „blinde" Partner an einen

anderen führenden Schüler weitergegeben. Es folgt ein ständiges „Partner-Wechsel-Spiel" über Blickkontakte der Führenden. Der „blinde" Schüler beendet das Spiel, wenn er erkennt, dass der ursprünglich erste Partner wieder die Bewegung steuert. Dies verdeutlicht er, indem er den Namen des Partners ausspricht. Falls er mit dem Raten Recht behält, bleibt dieses Paar stehen, bis alle „blinden Teilnehmer" ihren ursprünglichen Partner wieder gefunden haben. Solange dürfen sie sich nicht unterhalten, da ansonsten die anderen Paare gestört werden. Hat der „Blinde" falsch geraten, geht die Übungsform wie beschrieben weiter. Anschließend wird die Partnerübung mit vertauschten Rollen nacherlebt.

Übungsprinzip
Die gebildeten Paare legen fest, welcher der Partner der Gruppe 1 und welcher der Gruppe 2 angehören möchte. Gruppe 1 läuft durcheinander durch den Raum auf Musik (Lauftempo!). Gruppe 2 formiert sich zu einem Innenstirnkreis. Die „Läufer" (Gruppe 1) suchen sich einen beliebigen „Steher" (Gruppe 2) aus und steuern auf ihn zu. Gemeinsam mit ihm bewältigen sie eine der folgenden Aufgaben. Anschließend bleiben die Schüler aus Gruppe 1 stehen, während sich die Schüler der Gruppe 2 frei bewegen, nach einem beliebigen Partner suchen und eine gemeinsame Aufgabe bewältigen etc.

Gewicht abgeben - Gewicht abnehmen

Die Aufgabenstellungen fordern zum gemeinsamen Spiel mit dem Gleichgewicht auf und können wie folgt lauten:
- An beliebiger Körperstelle gegen den Partner verlagern (Gewicht abgeben) und gemeinsam zum Boden gleiten.
- Den Partner an einen anderen Ort „wegtragen".
- Auf den Partner im Strecksprung zuspringen (Stütz mit den Händen auf dessen Schultern). Der Partner unterstützt den Sprung durch Anheben an der Hüfte. Den Partner wieder sachte bis in den sicheren Stand begleiten.
- „Den Partner überturnen".

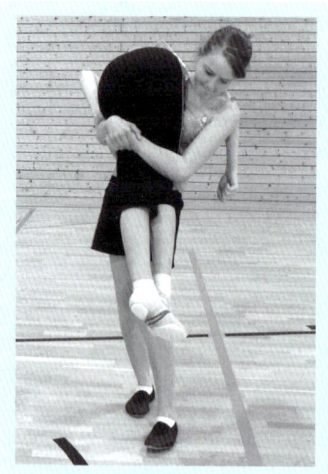

Beispiel „Helfen und Sichern"

Turnspezifische Erwärmung

Hermann, mir ist schlecht
Die Schüler laufen durcheinander auf Musik. Stoppt die Musik, rufen diejenigen Schüler, denen es gerade danach ist: „Hermann, mir ist schlecht". Sie strecken die Arme in die Luft und lassen sich langsam und mit Körperspannung nach hinten fallen. Umstehende Schüler eilen zur Hilfe, um sie zu retten. Kommt niemand angelaufen müssen sich die Umfallenden selbst retten. Vorweg wird das Abrollen aus dem Stand in die Rückenschaukel geübt.

Wenn es die Übungen zulassen, sind sie immer mit einem Rollentausch zu verbinden. Die Aufgaben können im Stationsbetrieb durchgeführt werden:
- A stützt B am Rücken ab und schiebt ihn quer durch die Halle. B versucht ohne Eigeninitiative den Impulsen von A zu folgen. *Variation:* B torkelt, so als wäre er betrunken und versucht A auszuweichen. A übernimmt Verantwortung, indem er B aus jeder beliebigen Körperlage rettet.
- A liegt in Rückenlage am Boden. B erfasst A unter den Achseln. C fasst A an den Sprunggelenken. A spannt den gesamten Körper an, während er von B und C emporgehoben wird.

Beispiel „Helfen und Sichern" 65

Übungen zu zweit, zu dritt und in der Gruppe

- A schließt im Stand die Augen (Körperspannung) und wird von B und C hin- und herbewegt.
- A benutzt B und C als „Steigleiter", um eine Erhebung hinauf zu klettern.
- A führt im Stand die Arme in Seithalte. Rechts und links greifen B und C den Arm von A dicht am Schultergelenk an. Gemeinsam nehmen die 3 Schüler Anlauf. Auf ein Kommando springt A nach oben ab. B und C unterstützen den Flug und begleiten A anschließend wieder in den sicheren Stand.

- *Variation:* Strecksprung, Phantasiesprung, Laufsprung.
- Im Flankenkreis stehen mehrere Teilnehmer eng aneinander. Auf ein Kommando setzen sie sich gemeinsam auf die Oberschenkel des „Hinteren".
- Ein Schüler steht auf einer Erhebung (großer Kasten). Die Gruppe bildet eine Gasse längs zur Erhebung. Jedes Gruppenmitglied greift zwei gegenüberliegende Arme, sodass ein netzartiges „Armgeflecht" entsteht. Die Person auf der Erhebung lässt sich rückwärts mit gespanntem Körper in das Netz fallen. Die Fänger gehen dem Fallenden entgegen und dämpfen den Aufprall durch eine leichte Schwingung ab.

Folgende *Aufgaben* werden im Stationenbetrieb durchgeführt:

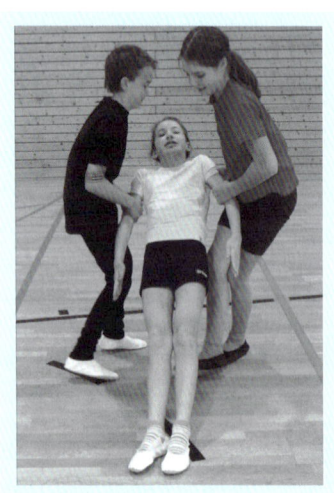

1. A liegt in Rückenlage am Boden und baut Körperspannung auf. Er wird im „Klammergriff am Oberarm" von B und C in den Stand befördert und anschließend wieder sorgfältig hingelegt.
2. A und B stehen sich gegenüber. Sie fassen sich im Doppelarmgriff. C liegt auf den Armen von A/B.

Schüler zur Hilfe im Gerätturnen befähigen - Spezifische Übungen zu dritt und in der Gruppe

3. A liegt in Rückenlage auf dem Boden und führt die Hände hinter den Kopf zum Boden. Er streckt die Beine zur Decke. B und C greifen A im „Klammergriff am Oberschenkel" und führen ihn in den Handstand. Es ist ein gemeinsames Kommando notwendig.

Beispiel „Helfen und Sichern" 67

4. Großer Kasten (quergestellt): A hockt auf den Kasten auf. Zwei Helfer greifen im „Klammergriff am Oberarm". Sie stehen in Schrittstellung frontal zum Übenden, sodass sich ihre jeweils innere Schulter berühren. Das innere Bein ist nah an den Kasten gestellt. Der Übende springt mit Unterstützung der Helfer ab, diese machen einen Schritt rück-seitwärts (Gasse öffnen) und begleiten den Übenden in den sicheren Stand. Diese Übung ist Voraussetzung zur Hilfestellung bei der Sprunghocke am Kasten.

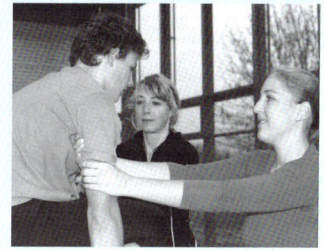

5. An der Hallenwand: Eine Person führt einen Handstand an der Wand so aus, dass die Körpervorderseite zur Wand zeigt. Zwei Helfer ergreifen den Übenden mit „halbem Drehgriff an der Schulter" (körpernahe Hand) und „halbem Klammergriff am Oberschenkel" (körperferne Hand). Die sich im Handstand befindende Person wird einige Meter nach vorn transportiert und langsam wieder abgesetzt. Die Übung endet im sicheren Stand. Diese Übung ist eine Voraussetzung für das Helfen beim „Handstützüberschlag vorwärts".

Gordischer Knoten

Ausklang Die Schüler formieren sich zu einem Innenstirnkreis. Mit geschlossenen Augen greifen sie ins Kreisinnere und suchen nach zwei Händen. Sie öffnen die Augen wieder. Die Gruppe „entknotet" sich gemeinsam durch übersteigen und unterkriechen der Arme, ohne die Hände zu lösen.

3.4 Probleme lösen am Beispiel „Sprunghocke am Kasten/Pferd längs gestellt"

3.4.1 Thematik

In dieser Unterrichtseinheit erlernen die Schüler eine *Bewegungsfertigkeit*. Hierfür wurde die „Sprunghocke" aus dem Bewegungskodex des Gerätturnens ausgewählt, weil sie in nahezu jedem Bildungsplan der Sekundarstufe I auftaucht. Das Springen und Fliegen über einen Kasten oder ein Pferd ist Gegenstand und gleichzeitig Problem des Turnunterrichts. Mangel an Aufforderungscharakter, Angst vor dem Überspringen, negative Erfahrungen und lange Warteschlangen vor dem Gerät sind unter anderem dafür verantwortlich, dass sich beim Springen über den Kasten, das Pferd oder neuerdings den Sprungtisch bei einem Großteil der Schüler kein positives Erleben einstellen wird. Nur wer sich beim Sprung über den Kasten selbst als sinnvoll erleben kann, wer das Anlaufen-Abspringen-Überwinden-Landen als Herausforderung begreift, wer sich dabei mit einem anderen Schüler messen kann, wer seine Angst besiegen möchte, wer anderen zeigen möchte, wie beherrscht er seinen Körper einsetzen kann und wer eine Vorahnung davon hat, wie es sein könnte, wenn der Körper für einen Bruchteil von Sekunden den sicheren Boden verlässt, der mag sich eventuell dieser Bewegung gerne zuwenden. Gerade solche Perspektiven können zum Anlass genommen werden, die Sprunghocke zum Thema einer Unterrichtseinheit zu machen.

Kenntnisse über die Biomechanik im Turnen

Beispiel „Sprunghocke am Kasten/Pferd längs gestellt"

Möglicherweise ist der Fertigkeitserwerb im Turnen weniger ein Problem für die Schüler. Vielmehr handelt es sich hierbei um ein Vermittlungsproblem und damit um ein Problem für die Lehrer, wenn Schüler die Sprunghocke nicht erlernen. Schüler wollen Techniken, Fertigkeiten oder Kunststücke können. Um ihnen diese Möglichkeit anzubieten, müssen die Lehrer methodisch geschickt agieren. Der Lehrer muss sich in der Bewegungslehre der Sportart zurechtfinden, um geeignete Schritte auswählen zu können.

Die an einem technomotorischen Fertigkeitserwerb ausgerichtete Bewegungslehre unterscheidet zwischen verschiedenen Unterrichtsverfahren, wenn auch alle das gleiche Ziel verfolgen, nämlich Schülern einen schnellen Zugang zur sportlichen Fertigkeit zu gewähren. Den Vermittlungshilfen der *Methodischen Übungsreihe*, des *Lehrens nach Funktionsphasen* und der *Programmierten Instruktionen* soll im folgenden Unterrichtsbeispiel Beachtung geschenkt werden. Die Bewegungslehre prüft dazu ihre Bezugsgrößen hauptsächlich an den Bedingungen des Vereins- und Spitzensports und missachtet für die Schule wichtige Bedingungen.

Einstellungen im Barrenpfeiler

Hier wird deshalb das Experiment unternommen, die genannten Unterrichtsmethoden der Bewegungslehre mit einem pädagogisch ausgerichteten Vermittlungsverfahren – dem „Problemlösenden Unterricht" – zu verbinden. Es werden Methoden harmonisch miteinander in Einklang gebracht, die ursprünglich divergierende Positionen zueinander einnehmen. Dies führt symbolisch zu wechselnden Einstellungen der Barrenpfeiler A und B nach dem Modell.

Nach Roth unterscheiden sich die drei oben aufgeführten Methodenkonzepte der Bewegungslehre nur geringfügig voneinander. Sie gehen von der Voraussetzung aus, dass sich aus der systematischen Analyse der Bewegungsfertigkeit diejenigen Lernschritte erschließen lassen, die schnellstmöglich zum Ziel führen. Diese Verfahren zum Erlernen sportmotorischer Fertigkeiten, die der Lernende noch nicht beherrscht, bringen Lernzielhierarchien hervor. Der Lernende wird von einer Könnensstufe auf die nächste Könnensstufe gebracht (vgl. 2007, S. 45). Im Beispiel der *Methodischen Übungsreihe* kann man nicht von Rezepten ausgehen. Das Verfahren sagt nichts über das Verhalten von Lernenden aus. Folgende Fragen müssen deswegen zusätzlich beantwortet werden:
- Wie biete ich die methodischen Schritte anschaulich und für die Schüler verständlich an?
- Welche Hilfen biete ich den Schülern an, damit sie in ökonomischer Weise die Zielübung erreichen?
- Wie kann ich sie neugierig machen und motivieren?

Die folgende Unterrichtseinheit basiert auf einer Methodischen Übungsreihe, die die bewegungstechnische Analyse der Bewegungsfertigkeit „Sprunghocke über den Kasten längs gestellt" mit berücksichtigt. Dabei wurden zum einen die in der Fachliteratur empfohlenen Übungsschritte ausgewählt und diese zum anderen an folgende Bedingungen geknüpft. Die Lernschritte

- bedenken den Leistungsstand von Schülern mit,
- entsprechen den senso-motorischen Voraussetzungen und der psycho-physischen Leistungsbereitschaft von Schülern,
- gehen auf situative Bedingungen von Schulsporthallen ein (Geräte, Zeiteinteilung, theoretische Vorbereitung im Klassenzimmer-Unterricht etc.),
- berücksichtigen den organisatorischen Aufwand, der vom Lehrer und den Schülern gewährleistet werden soll,
- berücksichtigen die sehr unterschiedlichen körperlichen Voraussetzungen der Schüler zum Erlernen der Bewegungstechnik.

Die klassische *Methodische Übungsreihe* kann diese Bedingungen nicht alle mit bedenken. Es muss deshalb nach einem weiteren Verfahren gesucht werden. Aus diesem Grund wurde hier die Vernetzung mit einer Methode gewählt, die den Schüler entscheiden lässt, wie weit er in der Vermittlung gehen möchte, wie er seinen Lernvoraussetzungen entsprechend üben kann, wie er an der Analyse der Bewegung mitdenken kann und wie er die methodischen Vorgaben für sich so weit öffnen kann, dass sie seinen Bedürfnissen, seinen Interessen und seinem Mut entsprechen. Auch soll es ein Verfahren sein, das die Schüler auffordert durchzuhalten, sodass sie die Übungsschritte bis zum Ziel mit vollziehen möchten. Beim Bearbeiten dieser Unterrichtseinheit wurde zuerst davon ausgegangen, dass die Bewegungslehre hierzu Hilfen anbietet. **Anpassung der klassischen Methodischen Übungsreihe an Schulbedingungen**

Die Theorie der *Programmierten Instruktion* schien Erfolg versprechend. Dieses Verfahren (vgl. Roth, 2007, S. 40) geht von der Orientierung an der Bewegungsfertigkeit aus, während zudem Aspekte der Organisation des Lehr-Lern-Systems bedacht werden. Unter Berücksichtigung des individuellen Lernverlaufes eines jeden Schülers rücken seine selbstständigen Aktivitäten in den Vordergrund. Mit Hilfe von Lernkarten beschäftigen sich die Schüler, beispielsweise in Bezug auf die folgende Unterrichtseinheit, mit der „Sprunghocke über den Kasten längs gestellt". Diese Lernkarten zeigen den methodischen Zugang zur Sprunghocke auf und folgen den Prinzipien der „Methodischen Übungsreihe". Dabei erhalten die Schüler erst eine verbale und visuelle Information. Erst anschließend machen sie die Realisierungsversuche. Mitschüler beobachten die Realisierung und geben Korrekturen. Die Schüler entscheiden zudem selbst, wann sie zur nächsten Bewegungssequenz übergehen. Somit wird in der folgenden Unterrichtseinheit, durch Instruktionen auf Lernkarten sowie Individualisierung der Lernzeit, den Schülern die Möglichkeit gegeben, trotz einer Lernschrittstrukturierung, lehrerunabhängig und selbsttätig zur „Sprunghocke am Kasten längs gestellt" zu gelangen. Ebenfalls über Lernkarten organisieren sie den Auf-, Um- und Abbau der Unterrichtseinheit sowie die Hilfestellung bei der Sprunghocke am Kasten.

Handlungsrollen des Lehrers

Inwiefern es möglich ist, dass sich Schüler gegenseitig über Lernkarten zum Bewegen auffordern und wie es erreicht wird, dass die Schüler über solche Lernkarten zum Experten werden, um so den Mitschülern eine hilfreiche, förderliche und effektive Rückmeldung geben zu können und inwieweit diese Ausführungen den Sicherheitsbedingungen entsprechen, bleibt durch die Vertreter dieser Methode unbeantwortet. Um diesen Konditionen gerecht zu werden, muss auf Aussagen einer *handlungsorientierten Schule* zurückgegriffen werden, in der trotz Offenheit und Schülerselbstständigkeit ein stringentes Vermitteln durch Personen, hier dem Lehrer, erhalten bleibt. Selbsttätigkeit darf keinesfalls mit Entbehrlichkeit der Lehrer verwechselt werden. Lehrfunktionen müssen auch weiterhin vom Lehrer reflektiert werden. Dieser hat die Aufgabe, durch seine externe Steuerungsfunktion immer wieder darauf hinzuweisen, wenn der Unterricht Gefahr läuft, am Ziel vorbeizuschießen. Auch muss er dann helfend, beratend, motivierend, Schwung erhaltend und tatkräftig eingreifen, wenn sich zum Beispiel Verletzungsgefahr, Langeweile oder Bewegungsarmut ankündigen.

3.4.2 Intention

Lerngelegenheiten

Die Schüler finden ein für sie angemessenes Timing für den Fertigkeitserwerb im Turnen. Ihnen steht ausreichend Zeit zur Verfügung, um die Struktur der Bewegung sowie die einzelnen Lehrstufen in ihrer funktionstragenden Rolle zu erkennen und nachzuvollziehen. Ein zeitlicher Rahmen etwa von einer Doppelstunde kann durchaus überschritten werden, wenn sich die Schüler weiterhin motiviert mit der Zielübung beschäftigen. Die Schüler werden bei ihrer Eigenrealisierung von der Gruppe und bei Bedarf vom Lehrer unterstützt.

Die Schüler lernen alle tragenden Elemente der Sprunghocke bereits im Klassenzimmer-Unterricht, noch bevor es zur praktischen Durchführung in der Sporthalle kommt, kennen. Sie organisieren den Auf-, Um- und Abbau und machen Vorschläge zum Einstieg in die Unterrichtseinheit. Zur Beschreibung der korrekten Ausführung des Elementes lernen die Schüler noch adäquate Hilfeleistungen kennen. Wenn das Verfahren in vielerlei Hinsicht den Schülern eine gewisse Selbsttätigkeit zuspricht, werden diese, wie oft im Sportunterricht, mit Lernstoff konfrontiert, den sie sich nicht selber ausgesucht haben. Selbstständig entscheiden sie, in welcher Zeit sie diese Pflicht erledigen und eventuell, wieweit sie dieser Pflicht folgen wollen. Bemühungen des Lehrers sollten ein Resignieren bereits nach kurzer Zeit verhindern.

Klassenstufe 8–10 (Jungen)

Die Unterrichtseinheit geht davon aus, dass die Schüler zum Erlernen der „Sprunghocke über den Kasten längs gestellt" die „Sprunghocke über den Kasten quer gestellt" beherrschen. Bei der Auswahl des Themas wurde eher an männliche Schüler gedacht, etwa ab der Klassenstufe 8. Wie alle anderen Unterrichtseinheiten, trägt diese exemplarischen Charakter. Am Beispiel der „Sprunghocke über den Kasten längs gestellt" wird gezeigt, dass es im Fertigkeitserwerb durchaus sinnvoll ist, wenn methodische Prinzipien auf unterschiedliche Theoriefundamente zurückgreifen. Ein Abwechslungsreichtum zwischen schüler- und lehrerzentrierten und zwischen gebundenen und offenen Formen soll sichtbar machen, dass dadurch effektivere Ergebnisse erzielt werden als durch einen Methodenmonismus. Nur so können unterschiedliche Leistungsvoraussetzungen, unterschiedliche Neigungen der Schüler, „methodische Begabungen" der Lehrer, interaktionsförderliche Strukturen zwischen Schülern und Lehrern, verschiedenartige Interessen, institutionelle und stoffplangebundene Vorgaben und unterschiedliche Sozialerfahrungen berücksichtigt werden.

3.4.3 Organisation
Der *Einstieg* im Klassenzimmer-Unterricht wird dazu genutzt, die Schüler in verschiedene Gruppen einzuteilen.

Gruppe 1 (= *Organisationsgruppe*) befasst sich mit dem Auf-, Um- und Abbau der Geräte sowie mit der spezifischen Erwärmung.

Die Gruppe 2 (= *Informationsgruppe*) ist für die Bewegungsanalyse zuständig. Sie erarbeitet aus bewegungsbeschreibenden Vorgaben und Abbildungen eine Vorstellung von der „Sprunghocke am Kasten längs gestellt" und befasst sich mit gängigen Fehlern, die sich bei der Erarbeitung der Bewegung einschleichen können. Darüber sollen die Schüler ihre Kontroll- und Korrekturmechanismen weiterentwickeln. Diese sind bei Schülern, die in der Regel als Turnanfänger bezeichnet werden können, wenig ausgebildet. Auch geht es weniger darum, Vorstellungen von der Feinform der Bewegungstechnik aufzurufen. Durch den Erwerb oberflächlicher Kenntnisse von der Bewegungsstruktur und durch das Eingreifen des Lehrers werden Verletzungsrisiken gering gehalten.

Die dritte Gruppe (= *Methodengruppe*) eignet sich Wissen über die Hierarchie der Lernschritte, über die methodische Reihung zum Erlernen der „Sprunghocke am Kasten längs gestellt" an.

Die vierte Gruppe (= *Sicherheitsgruppe*) ist für die Helfergriffe und weitere Sicherheitsmaßnahmen zuständig. Die Schüler befassen sich mit den einzelnen Hilfen und geben die Erläuterungen an die jeweils anderen Gruppenmitglieder weiter.

Nach Formulierung der Aufträge wirken im *Hauptteil* – dieser findet in der Sporthalle statt – alle Schüler an der Realisierung der Aufgaben mit. Es entsteht ein für das Lernziel „Sprunghocke am Kasten längs gestellt" aufbereiteter „Lerngarten". Die Schüler organisieren selbst, was sie wann und wie tun, sie tauschen die gewonnenen Informationen zu den gegebenen Zeitpunkten mit den anderen Schülern aus und werden in der Organisation sachdienlich vom Lehrer unterstützt.

3.4.4 Realisierung
Die Reise nach Jerusalem (Stuhlkreis)

Einstieg und Gruppenzuordnung im Klassenzimmer

Die Anzahl der Stühle entspricht der Klassengröße minus eins. Die Schüler laufen im Rhythmus zur Musik. Stoppt die Musik, setzen sich die Schüler so schnell wie möglich auf einen Stuhl. Derjenige Schüler, der keinen Stuhl erwischt, schaltet die Musik für den nächsten Durchgang. Das Spiel beginnt erneut, sobald ein Stuhl aus dem Kreis entfernt wurde. Sind 6 bis 8 Schüler „ausgeschieden", so bilden diese die erste Gruppe. Sie erhalten ihre Lernkarten, mit denen sie sich direkt befassen können. Für die Zuteilung zu den anderen Gruppen wird das Spiel von vorn gestartet. Das Spiel endet, wenn nur noch 6 bis 8 Schüler teilnehmen. Diese bilden die letzte Gruppe.

Die Gruppenmitglieder schauen sich ihre Lernkarten genau an. Eventuell liest ein Schüler den anderen die Instruktionen vor. Probleme werden gemeinsam diskutiert und gelöst. Es besteht die Möglichkeit, Fragen an den Lehrer zu richten.

Gruppenarbeit

Organisationsgruppe
Ihr habt die Aufgabe, im Sportunterricht die gesamte Klasse zum Aufbau der Gerätestationen und zum Dehnen der Muskulatur anzuleiten.

➜ *Karte 1*
Station 1: Der Mattenberg:
4 Weichbodenmatten übereinander gestapelt ergeben einen Mattenberg.

Station 2: Kasten quer gestellt:
Ein Sprungbrett, ein Kasten und zwei Weichbodenmatten werden zu einem „Sprung-Arrangement" verbunden.

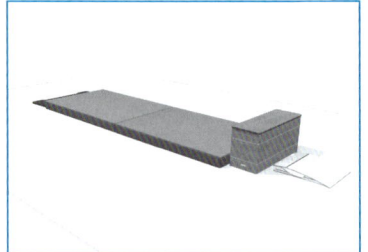

Station 3: Zwei Kästen quer gestellt:
Aufbau siehe oben. Zusätzlich wird ein weiterer Kasten (quer gestellt) so mit dem ersten Kasten verankert, dass keine Lücke entsteht (Plateau).

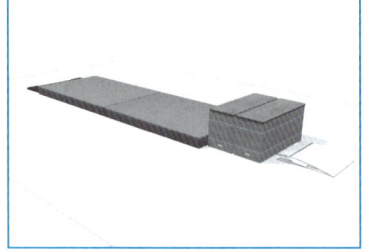

Station 4: Drei Kästen quer gestellt:
Aufbau siehe oben. Zusätzlich wird ein weiterer Kasten (quer gestellt) so mit den ersten beiden Kästen verankert, dass keine Lücke entsteht (Plateau).

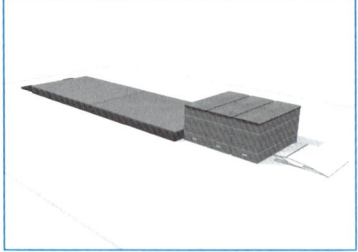

Beispiel „Sprunghocke am Kasten/Pferd längs gestellt" 75

Station 5: Einen Kasten längs gestellt mit Sprungbrett und Weichbodenmatten zu einem „Sprung-Arrangement" zusammenfügen.

Die Stationen 4 und 5 können, im Falle von Gerätemangel, nach und nach die anderen Stationen ablösen.

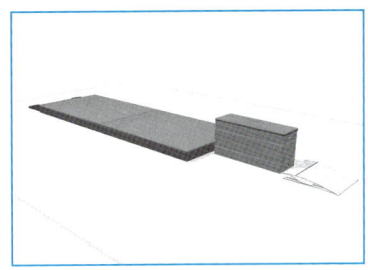

→ *Karte 2*

Macht euch gemeinsam Gedanken darüber, wie ihr die Muskulatur vorbereitet, um anschließend springen zu können. Folgende Muskelgruppen werden gedehnt:
- Wadenmuskulatur
- Oberschenkelvorderseite
- Oberschenkelrückseite
- Rumpfmuskulatur
- Brustmuskulatur
- Schultermuskulatur

Habt ihr verschiedene Dehnbewegungen gefunden, so macht euch Gedanken darüber, wer die Bewegungen erklärt und vormacht.

Informationsgruppe

Ihr habt die Aufgabe über das Bewegungsbild und die Bewegungsbeschreibung zu einer Bewegungsvorstellung von der „Sprunghocke am Kasten längs gestellt" zu gelangen. Außerdem sollt ihr euch die Fehler anschauen, die häufig beim Erlernen dieser Bewegung gemacht werden. Ihr erklärt den Mitschülern, wie die Bewegung aussieht. Zusätzlich sollt ihr die Mitschüler auf ihre Fehler bei der Bewegungsrealisation aufmerksam machen.

➜ *Karte 1*
Bewegungsbild:
Phasenbild von der „Sprunghocke am Kasten längs gestellt"

➜ *Karte 2*
Die Bewegungsbeschreibung (vgl. Knirsch, 1991b, S. 288–289):
- Steigerungsanlauf
- Der letzte Schritt ist lang und flach, einbeiniger Sprung auf das Brett
- Beidbeiniger Absprung vom Brett
- Die Arme schwingen von unten nach oben am Körper entlang und stoppen kurz vor der Schulterachse
- Streckung des Körpers in allen Gelenken
- Flug bis zum hinteren Drittel des Kastenteils
- Stemmender, kurzer, schulterbreiter Stütz der Hände
- Fester Abdruck der Hände mit gleichzeitigem **An**hocken (kein Unter- oder Durchhocken) der Beine; erst in der zweiten Flugphase geschieht das Anhocken
- Aufrichten des Körpers durch den Abdruck und Anheben der Schulterachse
- Stand mit leicht geöffneten Beinen und Nachgeben in allen Gelenken

Beispiel „Sprunghocke am Kasten/Pferd längs gestellt"

→ *Karte 3*
Typische Fehler (vgl. Nolte, 1980, S. 123):

Typischer Fehler	Korrektur
• Ungenügender Absprung:	• Schneller anlaufen! Letzten Schritt vor dem Absprung vergrößern.
• Rücklage beim Absprung:	• Oberkörper bereits beim Anlaufen und im Absprung leicht nach vorn neigen.
• Einsprungwinkel zu flach:	• Fersen nach dem Absprung energisch bis zur leichten Überstreckung des Körpers hochschwingen.
• Die Hände werden nacheinander aufgesetzt:	• Gleichmäßig und mit beiden Armen gleichzeitig abdrücken
• Zu langer Stütz auf dem Kasten:	• Kurzer, schnellkräftiger Handabdruck
• Die angehockten Beine werden durch die Arme geschoben:	• Das Anhocken der Beine geschieht, nachdem die Hände durch energischen Abdruck vom Kasten gelöst wurden; erst in der zweiten Flugphase.
• Kurze zweite Flugphase:	• Armabdruck verstärken und Arme nach dem Abdruck vor dem Körper schnellkräftig hochführen.
• Der Sprung ist zu kurz; ungenügender Absprung (meist Angstreaktion):	• Griffzone auf dem letzten Drittel des Kastens einzeichnen (Kreide); Doppelbrett einsetzen.
• Landung mit Körpervorlage; Sturz bei der Landung:	• stärkere Schulterblockade; Abdruck vom Kasten verstärken; Kopf beim Abdruck anheben; Arme vor dem Körper hochführen.

Methodengruppe
Ihr habt die Aufgabe, gemeinsam die verschiedenen Lernschritte durchzugehen. Klärt die auftauchenden Fragen zusammen mit dem Lehrer. Im anschließenden Sportunterricht erklärt ihr euren Mitschülern die einzelnen Übungen in der angegebenen Reihenfolge.

➜ *Karte 1*
Der Mattenberg

Übungsbeschreibung:
Aufhocken: Laufe an und springe ab. Versuche so schnell wie möglich eine Streckung im Körper zu erreichen. Stütze im Moment der größten Körperspannung möglichst weit vorn mit den Händen auf dem Mattentisch auf. Drücke mit den Händen ab und hocke die Beine an. Lande auf den Füßen. Die gestreckten Arme befinden sich bei der Landung vor dem Körper.

Von Übungsversuch zu Übungsversuch die Hände weiter nach vorn schwingen.

➜ *Karte 2*
Wiederholung der Sprunghocke über den Kasten quer gestellt:

Übungsbeschreibung:
Laufe an und springe ab. Versuche so schnell wie möglich, eine Streckung im Körper zu erreichen. Stütze im Moment der größten Körperspannung mit den Händen auf dem Kasten auf. Drücke mit den Händen

Beispiel „Sprunghocke am Kasten/Pferd längs gestellt" 79

ab und hocke die Beine an. Bringe die Beine zur Landung hinter den Kasten. Gib bei der Landung in allen Gelenken nach.

→ *Karte 3*
Sprunghocke über 2 Kästen quer gestellt:

Bewegungsbeschreibung:
Führe die gleiche Bewegung aus, wie bei der Übung vorher. Dabei darf zum Stütz der Hände nur der hintere Kasten berührt werden.

➜ *Karte 4*
Sprunghocke über drei Kästen quer gestellt:

Bewegungsbeschreibung:
Führe die gleiche Bewegung aus wie bei der Übung vorher. Dabei darf zum Stütz der Hände nur der hintere Kasten berührt werden.

➜ *Karte 5*
Sprunghocke über den Kasten längs gestellt:

Bewegungsbeschreibung:
Führe die gleiche Bewegung aus wie bei der Übung vorher. Dabei darf zum Stütz der Hände nur der hintere Teil (letztes Drittel) des Kastens berührt werden.

Beispiel „Sprunghocke am Kasten/Pferd längs gestellt"

Sicherheitsgruppe
Ihr habt die Aufgabe, gemeinsam die theoretischen Bedingungen zur Sicherheit bei der Ausführung der „Sprunghocke" zu bearbeiten. Bringt anschließend euren Mitschülern Helferverhalten bei.

➜ *Karte 1*
Helfen an Station 1: Mattenberg

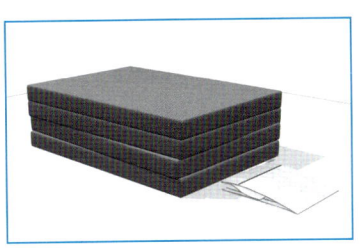

Beschreibung:
Achtet darauf, dass immer genügend Schüler um den Mattenberg herum stehen. Diese passen auf, dass niemand vom Mattenberg herunterfällt.
Der Abstieg vom Mattenberg geschieht über das Hinsetzen mit anschließendem „Runter-Gleiten-Lassen" (nicht Abspringen).
Zwei Schüler stehen vor dem Mattenberg (zwischen Brett und „Berg"). Sie geben dem Übenden Schwung mit. Dazu fassen sie frühzeitig von unten mit einer Hand am Oberschenkel, mit der anderen an der Hüfte an.

➜ *Karte 2*
Helfen an den Stationen 2–5:

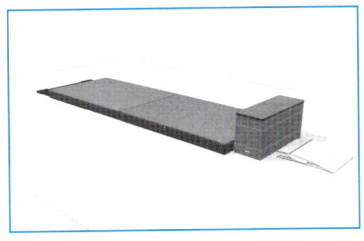

Beschreibung:
Klammergriff am Oberarm: zwei Helfer stehen hinter dem Kasten. Sie stehen frontal zum Kasten in Schrittstellung und bringen dabei die jeweils innere Schulter zueinander. Das innere Bein steht weiter vorn als das äußere. Beide Hände greifen wie eine Klammer um den Oberarm des Übenden. Die Helfer greifen möglichst nah am Schultergelenk. Der Sprung muss bis in den Stand begleitet werden. Dazu macht das innere Bein einen Schritt rückwärts, der Körper dreht sich auf, sodass der Übende in der Gasse zwischen den beiden Helfern landen kann.

Nachdem sich die einzelnen Gruppen mit den verschiedenen Karten ausgiebig beschäftigt haben und alle Fragen geklärt wurden, geht es in die Sporthalle.

- Die *Organisationsgruppe* beginnt damit, den Mitschülern zu erklären, was alles aufgebaut werden muss. Sie zeigt an, wohin die Geräte in der Halle gestellt werden sollen und leitet anschließend die vereinbarten Dehnübungen an, die bei Bedarf vom Lehrer ergänzt werden. **Hauptteil in der Sporthalle**
- Die *Informationsgruppe* beschreibt die „Sprunghocke am Kasten längs gestellt" und klärt die Fehler, die bei der Ausführung gemacht werden können. Der Lehrer ergänzt bei Bedarf.
- Die *Methodengruppe* erklärt und demonstriert die erste Übung.
- Die *Sicherheitsgruppe* erklärt die Hilfestellung und die Sicherheitsbedingungen. Sie organisiert zudem, wer diese Hilfestellung ausführt und wie die Helfer wechseln. Der Lehrer ergänzt bei Bedarf.
- Erste Realisierungsversuche werden an *Station 1* unternommen.
- Beherrschen die meisten Schüler die erste Übungsform, wird der Ablauf an der *zweiten Station* wiederholt. An den Erklärungen sind immer alle Schüler beteiligt, während sie selbst entscheiden, ob sie die Übung an der zweiten Station ausprobieren wollen oder eventuell in Kleingruppen noch an der ersten Station verweilen möchten.
- Die *Methodengruppe* entscheidet, wann sie die nächste Übungsform demonstriert. Hier werden die Mitglieder aus der *Sicherheitsgruppe* aufgefordert, Hinweise zur Sicherheit am Gerät zu geben.
- Der Lehrer gibt in Zusammenarbeit mit der *Informationsgruppe* immer wieder Hinweise auf eine korrekte Bewegungsausführung und verweist auf typische Fehler während der Bewegungsrealisation.
- Langsam werden sich die Schüler in kleinere Gruppen aufteilen und an derjenigen Station üben, die ihrem Mut und Können entspricht.
- Ist die Mehrzahl der Schüler in der Lage, an der letzten Station zu üben, kann zum Ausklang übergegangen werden.
- Die Schüler demonstrieren sich gegenseitig die Sprunghocke über den Kasten längs gestellt. Die Zuschauer bewerten die Übung. **Ausklang**

3.5 Rhythmisierungsfähigkeit am Beispiel „Synchronturnen"

3.5.1 Thematik

Zur Einbettung dieses Themas in den Gesamtzusammenhang spielt erneut der Methodenbegriff eine besondere Rolle. Während die vorangegangenen Beispiele den Schwerpunkt auf „Erfahrungen sammeln", „Vorbereiten" und „Lernen" legten, wird hier dem „Üben", „Anwenden" und „Gestalten" mehr Beachtung geschenkt. Es werden keine ersten Erfahrungen oder das Erlernen einer Technik, die zuvor noch nie geturnt wurde, erarbeitet. Ausgehend von vielfältigen Möglichkeiten des Turnens am „großen Kasten" werden bekannte turnerische Bewegungsfertigkeiten an einer „Kastenreihe" geturnt und weiterführend an einen Partner gebunden. So werden Basiselemente ständig wiederholt, unter dem Methodenaspekt also geübt, und im Sinne einer Partneranpassung gestaltet.

Da nicht alle Schüler in einer Klassengemeinschaft über gleiche bewegungstechnische Voraussetzungen zum Turnen verfügen, kommt in dieser Unterrichtseinheit dem Prinzip „Turnen-Lernen auf Anhieb" eine Bedeutung zu. Durch die Anpassung an einen Synchronpartner unter Zeitdruck lernen die Schüler voneinander.

Die Unterrichtseinheit zielt vor allem auf das Automatisieren von Bewegungsfertigkeiten, sodass von einer durchgängigen Einstellung des Barrenpfeilers A im Bereich des formgebundenen Turnens ausgegangen werden kann.

Das Thema „Rhythmus/Rhythmisierungsfähigkeit" gehört eher der musikalisch-rhythmischen Erziehung und weniger dem Sportunterricht an. Man geht davon aus, dass Schüler im Alltag einer überwältigenden Flut von akustischen Reizen ausgesetzt sind. Der Musik- oder Rhythmikunterricht wählt Geräusche und Klänge aus und bietet den Schülern die Möglichkeit, gerade über die Strukturierung dieser auditiven Erscheinungen, differenzierter wahrzunehmen. Über die bevorzugte Bindung an das Schulfach Musik hinaus werden rhythmische Aspekte in anderen Schulfächern vernachlässigt. So wird auch im Turnunterricht der Umgang mit rhythmischen Phänomenen eher ignoriert. Diese eingleisige Einbindung vernachlässigt, dass rhythmische Aspekte von entscheidender Bedeutung für den Fertigkeitserwerb beim Turnen sein können. Musik und Rhythmus haben nicht nur eine kompensatorische Funktion.

Bewegungsrhythmus ist nicht nur ein Thema für den Gymnastik- und Tanzunterricht

Im Turnunterricht geht es nicht um die Produktion von Klängen. Rhythmisieren ist vielmehr ein generatives Prinzip, das allen Körperbewegungen zu Grunde liegt. Jede körperliche und somit auch sportliche Bewegung oder Bewegungsfertigkeit läuft nach einem spezifischen Rhythmus ab. Erkennen die Schüler diesen Rhythmus, dann wird ihnen die Bewegung bewusster, sie können sie leichter lernen und ausführen. Denn über den Rhythmus lässt sich Bewegung reflektieren und lassen sich Körpererfahrungen sensibilisieren. Eine Turnbewegung „richtig" ausführen heißt, die dynamischen Akzente, das Verhältnis zwischen Anspannen und Entspannen adäquat auf die Fertigkeit abstimmen. Die rhythmische Bewegungsbegleitung (klatschen, verbale Unterstützung, Begleitung durch Instrumentarien wie Klanghölzer, Handtrommeln oder Pauken) gewinnt an Bedeutung. Klingt beim Lernen und Üben von Turnfertigkeiten der Rhythmus mit, so wird die unterschiedliche dynamische, energetische und räumlich-zeitliche Impulsstärke des Bewegungsverlaufs deutlich.

Um im Turnunterricht unfallträchtige Situationen vermeiden zu können, müssen die Schüler sich zudem bewegungssicher verhalten. Dies gelingt einem Schüler besser, wenn seine koordinativen Fähigkeiten gut ausgebildet sind.

Die Entwicklung der Koordinativen Fähigkeiten, zu denen unter anderen auch die Rhythmisierungsfähigkeit zählt, ist eigentlich kein typisches Ziel des Sportunterrichts in der Sekundarstufe I. Kinder sind eher in der Zeit vom 6. bis zum 12. Lebensjahr, was die Verbesserung der „Koordinativen Fähigkeiten" betrifft, besonders gut trainierbar. Im Grundschulsport wird dieser Ausbildung deshalb eine besondere

Klassenstufe 5–7

Bedeutung zugemessen. Oft bereiten Lernvorgänge in einem späteren Alter erhebliche Schwierigkeiten, was nicht heißt, dass das Üben dieser Fähigkeiten hinfällig wird. Wenn in der Kindheit gemachte Defizite in manchen Fällen nicht mehr nachzuholen sind, und das ist in besonderem Maße bei der Rhythmisierungsfähigkeit der Fall, kann man durch rhythmische Bewegungsangebote und durch ständiges Wiederholen die Qualität dieser Fähigkeit beleben. Die Ausbildung einer stabilen koordinativen Grundlage eröffnet außerdem die Wahrscheinlichkeit, dass neue Bewegungshandlungen leichter erlernt werden können. Rhythmisierungsfähigkeit, auch Rhythmusfähigkeit genannt, kann verstanden werden als „Fähigkeit einen von außen vorgegebenen Rhythmus zu erfassen und motorisch zu reproduzieren, sowie den ‚verinnerlichten', in der eigenen Vorstellung existierenden Rhythmus einer Bewegung in der eigenen Bewegungstätigkeit zu realisieren" (Zimmermann, Schnabel & Blume, 2002, S. 31).

Auffallend ist, dass diese Definition zwischen einem von außen vorgegebenen fremden Rhythmus und dem eigenen Körper- und Bewegungsrhythmus unterscheidet. Gleichzeitig werden sowohl das Erfassen vom Rhythmus als auch die Reproduktion hervorgehoben. Im Lernstadium ist der Eigenrhythmus meist noch nicht mit dem der Turnfertigkeit originären identisch. Indem die Schüler eine rhythmische Unterstützung, zum Beispiel ein akustisches Signal, erhalten und indem die Anpassung der eigenen Bewegung an die Bewegung anderer Schüler durch Synchronturnen erfolgt, können diese Divergenzen behoben werden. Akustische Bewegungsbegleitung und Synchronturnen sind Verfahren, die auf Bewegungsökonomie und Bewegungskorrektheit zusteuern.

Einstellungen im Barren-Modell

Da die Unterrichtseinheit größtenteils die Ideen des Sportartenprogramms verwirklicht, rastet Barrenpfeiler B symbolisch an der untersten Marke ein. Akustische Signale sollen korrigierend in den Bewegungsprozess einwirken, damit sich der selbstbestimmte Rhythmus allmählich an den korrekten Bewegungsablauf anpassen kann. Unter rein ästhetischen Gesichtspunkten verleiht das Hervorbringen von Bewegung mit besonderer rhythmischer Akzentsetzung der Turnbewegung eine gewisse Harmonie.

3.5.2 Intention

Lerngelegenheiten

Diese Unterrichtseinheit stellt eine Methode vor, mit der Fertigkeiten im Turnen über das rhythmische Element vermittelt und geübt werden. Die Schüler sammeln Erfahrungen mit Prozessen aus der kreativen Partner- und Gruppengestaltung. Sie nehmen wahr, dass geistige und körperliche Anstrengungen Hand in Hand mit der eigenschöpferischen

Steuerung gehen. Sie lernen, dass Musik, Melodie, Rhythmus und Dynamik unmittelbare Entsprechungen im Körperlichen haben.

In Abstimmung an andere Gruppenmitglieder werden Bewegungen formiert, an einen gemeinsamen Rhythmus gebunden und den anderen Klassenmitgliedern gezeigt. Aus dem Spiel mit der Bewegungsphantasie müssen Entscheidungen für eine geeignete, dem Niveau der Gruppe, dem Gerätearrangement und einem Rhythmus angepasste, Gestaltung getroffen werden. Dabei erkennen die Schüler, dass jede Turnbewegung ihren eigenen Rhythmus in sich trägt, der sich über auditive Verstärkung (Geräusche, Klanggesten oder Rufe) verdeutlichen lässt.

Nicht nur Bewegungen des Gerätturnens, sondern auch die Alltagsmotorik ist an Rhythmen gebunden. Alle wiederholbaren Prozesse (laufen, gehen, hinsetzen, stolpern, aufstehen etc.) lassen sich rhythmisch gliedern. Wenn der Bewegungsrhythmus verinnerlicht ist, vollzieht sich die Bewegung wie von selbst. Deshalb müssen wir uns nicht ständig einen Rhythmus vorsprechen, um beispielsweise die Straßenseite zu wechseln. Die Turnbewegung wird durch die rhythmische Schulung sicherer und automatischer.

3.5.3 Organisation

Zum *Stundeneinstieg* werden Spiel- und Übungsformen aus dem Bereich der rhythmischen Bewegungserziehung angeboten. Zahlreiche rhythmische Mittel gelangen zum Einsatz: Musik, Sprechtexte, Klatschen, Stampfen oder Stimme. Die Übungen weisen in ihrem Verlauf immer deutlicher auf die Verbindung zwischen Rhythmus und Bewegung hin.

Im *Hauptteil* werden einfache Turnfertigkeiten an rhythmische Strukturen gebunden. Die Schüler passen sich beim Turnen sowohl an die rhythmischen Vorgaben des Lehrers (Handtrommel) als auch an einen Partner an. Da diese Unterrichtseinheit Bewegungsfertigkeiten üben und automatisieren möchte, wird an dieser Stelle dem Fertigkeitserwerb wenig Bedeutung beigemessen.

Das Unterrichtsbeispiel *schließt* mit der Darbietung einer in der Gruppe erarbeiteten Bewegungskombination.

3.5.4 Realisierung

- Die Schüler versammeln sich in der Nähe der Musikanlage im Sitzkreis. Sie schließen die Augen und lauschen einem Musikstück. Es eignet sich die Auswahl eines Stückes aus dem Bereich der U-Musik mit eindeutig erkennbarem 4/4-tel-Takt. Die Schüler verdeutlichen

Rhythmischer Einstieg

Beispiel „Synchronturnen"

den Grundschlag durch Stampfen auf den Boden. *Variationen:* a) die Schüler verdeutlichen den Off-Beat, b) Beat und Off-Beat im Wechsel verdeutlichen, c) erste Zählzeit durch schnelles nach oben Strecken der Hände markieren, weitere Grundschläge, wie gehabt.
- Die Schüler stehen im Innenstirnkreis. Sie komponieren eine rhythmische Folge im 4/4-tel-Takt. Beispiel: 4-mal in die Hände klatschen, 4-mal mit den Fingern schnippen, 4-mal mit den Füßen stampfen, 4-mal laut „1-2-3-4" zählen.
Variationen: a) 4 gleich große Gruppen bilden und die rhythmische Folge als Kanon ausführen; der Lehrer dirigiert, b) im Kanon durcheinander durch den Raum bewegen und gleichzeitig Schülern aus einer anderen Gruppe begegnen. Die Schüler lassen sich nicht von ihrer eigenen Reihenfolge abbringen.
- Mit den Fingern (öffnen und direkt wieder schließen) geben die Schüler einen gemeinsamen Grundschlag im 8/4-tel-Takt vor. Nach und nach werden die verschiedenen Zählzeiten durch Bewegungsaktionen ersetzt. *Beispiel:* 1. Zählzeit = Klatschen, 2. Zählzeit = Fingerschnippen, 3. Zählzeit = Kniebeuge, 4. Zählzeit = Stampfen mit dem rechten Fuß, 5. Zählzeit = Stampfen mit dem linken Fuß, etc.

Gruppenbildung Einen Innenstirnkreis zweimal teilen ergibt vier gleich große Gruppen zum späteren Aufbau.

Erwärmung und rhythmische Anpassung Auf schnelle Musik laufen die Schüler durcheinander durch die Halle. Begegnen sie einem Partner, so tanzen sie eine Weile miteinander und trennen sich anschließend wieder. Die Schüler suchen einen „neuen" Partner etc.

Aufbau

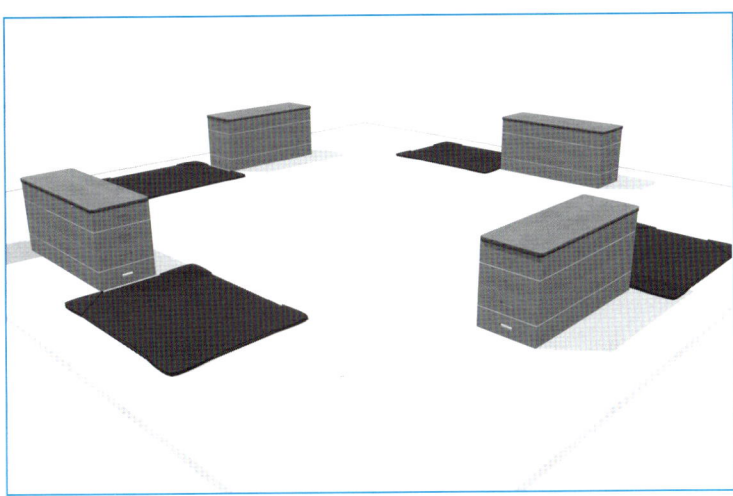

Jede Gruppe baut einen Kasten mit einer Gerätturnmatte dahinter auf. Die vier großen Kästen (4-teilig) sind so an einer Kreisbahn auszurichten, dass zwischen ihnen jeweils gleich viel Platz ist.

Hauptteil

Folgende Fertigkeiten aus dem Geräteturnen müssen die Schüler zur Realisierung der Unterrichtsphase beherrschen:
- Auf- und Abhocken am Kasten (4-teilig).
- Aufrollen auf den Kasten längs gestellt.
- Bauchlage längs auf dem Kasten, Hände zur Gerätturnmatte am Boden führen, Aufschwingen in den Handstand mit anschließendem Abrollen.

Beispiel „Synchronturnen" 89

Diese Grundlagen können bei Bedarf geübt werden. Der Lehrer oder ein Schüler demonstriert anschließend folgende Übungsverbindung: auf den Kasten längs aufhocken, auf dem Kasten vorhocken und mit einem beliebigen Sprung (Hocksprung, Grätschwinkelsprung, Phantasiesprung etc.) vom Kasten abspringen. Die Schüler imitieren die Bewegungsverbindung in ihren vier Gruppen an dem von ihnen aufgebauten Kasten. Die Verbindung wird anschließend an einen Rhythmus gebunden, der durch das Schlagen auf die Handtrommel und durch einen Sprechtext verdeutlicht wird. Der Sprechtext zur vorgegebenen Bewegungsverbindung lautet:

- Lauf-lauf-lauf-lauf-lauf-lauf-lauf-lauf, hock und vor und ab, uuund (Auftakt) lauf-lauf-lauf-lauf-lauf-lauf-lauf-lauf, hock und vor und ab, uuund (Auftakt) etc.
- Die Schüler sprechen in einem gleichen Rhythmus gemeinsam den Text.
- Die Bewegungsverbindung wird an den Sprechtext gebunden. Der Lehrer gibt den Sprechrhythmus und die Bewegungsbegleitung mit der Handtrommel einmal vor. Beim zweiten Mal setzt der jeweils erste Schüler am Kasten mit der Bewegungsfolge nach dem vorgegebenen Rhythmus ein. Er reiht sich anschließend wieder in seine Gruppe ein. Der Auftakt „uuund" bereitet den zweiten Schüler auf seinen Einsatz vor etc.

- Alle Schüler stehen hinter einem ersten Kasten. Der Lehrer gibt den Sprechrhythmus und die Bewegungsbegleitung mit der Handtrommel einmal vor. Der Auftakt „uuund" bereitet den zweiten Schüler auf seinen Einsatz vor, während der erste Schüler mit dem Turnen am zweiten Kasten beginnt. Alle weiteren Schüler setzen nach dem gleichen Verfahren ein. Die synchrone Abstimmung geschieht in Anpassung an den Vordermann. Nach Beendigung der Bewegungskombination an allen vier Kästen reihen sich die Schüler für einen weiteren Durchgang wieder hinter dem ersten Kasten ein.
- Ist der Rhythmus einigermaßen erkannt, begleitet der Lehrer ausschließlich mit der Handtrommel und ohne Sprechtext. Ziel ist es, dass die Kombination von allen Turnern ohne akustische Begleitung und dennoch synchron ausgeführt werden kann. *Variationen:* Weitere Bewegungsverbindungen können lauten:
  a) Aufrollen auf den Kasten, Aufstehen und Strecksprung als Abgang zum Stand,
  b) Aufrollen auf den Kasten, Hinlegen und Handstandabrollen als Abgang vom Kasten. Diese Verbindungen werden nach der gleichen methodischen Vorgehensweise synchron geturnt.
- Die Schüler treffen sich in ihren Gruppen an einem Kasten. Sie erfinden eine Bewegungsverbindung, die sich in das oben genannte System (Handtrommel-Begleitung, Sprechtext-Bindung und synchrone Ausführung) einfügen lässt. Die Gruppen führen sich die gefundenen Bewegungsverbindungen gegenseitig vor. *Variationen:* a) Raumwege verändern, b) die Höhen der Kästen variieren, c) an einem der Kästen den Kastendeckel entfernen, d) Zwischenräume „beturnen": Rad, Handstand, Sprungkombinationen, Rollbewegungen. **Bewegungskombination**

3.6 Bewegungsphantasie am Beispiel „Kletterlandschaft"

Bewegungs-landschaft nicht nur für die Grundschule

3.6.1 Thematik

Das eigentlich Besondere am Turnen ist das Bewegen an Geräten. Auch andere Sportarten verwenden Geräte, wenn sie als methodische Lernhilfen benötigt werden, wenn Materialien für einen Leistungsvergleich herangezogen werden, wenn die physische Leistungsfähigkeit gesteigert werden soll oder wenn Räume abgegrenzt werden müssen. Wenn der Schüler sich jedoch *am* Gerät sportlich betätigt, dann ist das Turnen. Die Auswahl der Geräte, an denen sich die Schüler bewegen, ist einerseits im Kunstturnen auf die olympischen Geräte reduziert, während gleichzeitig mit den Geräten die Bewegungsformen festlegt sind. Schüler erlernen im Gerätturnunterricht den spezifischen Umgang mit diesen Geräten.

Andererseits kann eine Bewegungslandschaft eine Chance für einen unmittelbaren Zugang zu Geräten im Turnunterricht bieten.

Um den Schülern eine weitere Möglichkeit zu geben, vielfältige Erfahrungen zu sammeln, werden in dieser Unterrichtseinheit Inhalte gewählt, die einen Gegenpol setzen zu der stark reglementierten, durch Vorschriften eingeschränkten Bewegungswelt. Schüler der Haupt- und

Realschule oder an Gymnasien wünschen sich mehrheitlich keinen Turnunterricht, in dem man willentlich an Geräten alles machen darf, was man möchte. Nicht selten drückt hier der Satz „wir müssen heute wieder spielen" eine Geringschätzung solcher ausschließlich kreativen Erfahrungsgelegenheiten aus. Außerdem sind Schüler im Turnunterricht weitestgehend überfordert, wenn sie ihr Handeln selbst gestalten müssen. Aus diesem Grund eignen sich Videovorführungen von den Fassadenkletterern (Internet) als Einstieg in diese Unterrichtseinheit. Dadurch hat der Lehrer Gewissheit darüber, dass Interesse bei den Schülern geweckt wird und die Vorstellung von einer antiquierten und verstaubten Bewegungstradition in den Köpfen der Schüler allmählich schwindet.

Die Sporthalle als Einstieg in die Bewegungshandlungen der Sportart „Parkour", die in der Regel im Freien an Häuserwänden, Kletterstangen oder Geländern ausgeübt wird, bietet den Vorteil der Bewegungssicherheit. Beim Turnen an Bewegungslandschaften in der Sporthalle wenden die Schüler Tätigkeiten wie Klettern, Klimmen, Hängen, Hangeln, Balancieren, Springen oder Fliegen an und können ihre Selbsteinschätzung besser durch die eingeschränkten Möglichkeiten steuern. Solche Grundtätigkeiten des Bewegens sind als Voraussetzung für den Fertigkeitserwerb im „Draußenturnen" zu sehen. Basiskompetenzen in diesem Bereich erleichtern auch denjenigen Schülern den Zugang zum Turnen, die keine Spitzenturner sind.

Ein solches Turnangebot gibt zusätzlich einen Überblick über alle möglichen Groß- und Kleingeräte, die in einer Schulsporthalle auffindbar sind und miteinander zu einer Gerätelandschaft verbunden werden können.

Die Turnarrangements müssen so ausgewählt werden, dass sie den Voraussetzungen der Schüler entsprechen, dass sie altersgemäß sind, dass sie veränderbare Bewegungsmöglichkeiten zulassen, dass sie nicht nur zum Anwenden, sondern auch zum Üben auffordern, dass sie nicht nur Bewegungsgelegenheiten, sondern auch Lerngelegenheiten sind und dass sie Bewegungsphantasie, Kreativität und Selbstständigkeit fördern.

Einstellungen im Barren-Modell

Barrenpfeiler A ist für dieses Beispiel dicht an der Position des Freien Turnens eingerastet. Das sportdidaktische Verständnis, das einem solchen Turnen zugrunde liegt, steht in engem Zusammenhang mit der Konzeption Körpererfahrung (Barrenpfeiler B), da umfassende Erfahrungssammlungen sowie Spaß, Herausforderung und Bewegungslust im Vordergrund stehen. Bewegungslandschaften in der Sekundarstufe

I haben zum Ziel, dem Bedürfnis nach Wagnis und Risiko gerecht zu werden, um so den sporterfahreneren Schülern Möglichkeiten zum Bewegungsexperiment und zum phantasievollen Bewegen an Geräten zu geben. So wird die Bewegungslandschaft zur Kletterlandschaft oder zum Abenteuerparcours, was dem „älteren" Schüler die Gelegenheit zum prinzipiell selbstbestimmten Erleben bietet. Barrenpfeiler C ist so weit wie möglich nach oben gebracht. Die Geräte müssen so angeordnet werden, dass sie zum Experimentieren herausfordern, dass sie Momente der Spannung enthalten, sodass die Schüler von selbst in Situationen geraten, in denen sie sich in besonderer Weise bewähren können.

Der Auf-, Um- und Abbau von Bewegungslandschaften ist nicht ohne organisatorischen Aufwand zu bewältigen. Die Schüler müssen am Planungs- und Organisationsprozess beteiligt werden. Dennoch ist ein umfangreicher Aufbau nur in einer Unterrichtseinheit zu bewältigen, in der den Schülern mehr als 45 Minuten Zeit zum Sporttreiben bleibt. In Absprache mit anderen Kollegen kann die einmal aufgebaute Bewegungslandschaft von mehreren Klassen genutzt werden.

3.6.2 Intention

Lerngelegenheiten Diese Unterrichtseinheit beinhaltet das selbstständige Finden und Gestalten in überwiegend offenen Handlungssituationen. Selbstgeleitetes Bewegen ermöglicht den Schülern, ihre kreativen Fähigkeiten einzusetzen und zu fördern. Über Motivation und Handlungsvorschläge durch den Lehrer sowie Gruppenarbeit werden die Schüler zum selbstständigen Handeln angeregt und erkennen die Bedeutung des Kooperativen in offenen Situationen. Der Lehrer setzt dann Impulse, wenn die Schüler an die Grenzen ihrer Phantasie gelangen. Eine vorgegebene organisatorische und methodische Struktur der Unterrichtseinheit ist unterdessen unerlässlich. Die Schüler lernen, dass eine organisierte Planung, in der Auf- und Abbau kooperativ erfolgen, trotz erheblichem Geräteaufwand durchführbar ist.

Um den Schülern die Möglichkeit zu geben, ihr Selbstwertgefühl zu entwickeln, wird versucht, die Bewegungskreativität in abenteuerlichen Arrangements zu erzeugen. Die Aufgaben sind so gewählt, dass sie Spannung erzeugen, dass sie die Schüler zum couragierten Bewegen animieren, damit ihnen die Angst vor den Großgeräten genommen wird. Die Schüler sind daran zu erinnern, ihr Können selbst einzuschätzen. Sie sollen nicht allzu dicht an ihre Belastungsgrenzen gebracht werden, sondern lernen, wie sie Verantwortung für sich selbst und für ihre Mitschüler übernehmen können.

Der Unterrichtseinheit liegt außerdem die Hoffnung zugrunde, dass **Klassenstufe 7–10** ein zusätzlicher Bewegungsanreiz durch die Nähe zu den sportlichen „Out-Door-Aktivitäten" der Jugendlichen geschaffen wird. Klettern im Zusammenhang mit Schulturnen kann als Extremform des Balancierens in Schwindel erregender Höhe verstanden werden. Die Einheit eignet sich zur Durchführung in den Klassenstufen 7 bis 10.

3.6.3 *Organisation*

Das Stundenbeispiel *beginnt* mit einer *Videodarbietung* über Fassadenkletterer gefolgt von der *Einteilung* der Schüler in *Gruppen*, um so einen schnellen *Aufbau* zu gewährleisten und kooperatives Handeln einzuleiten. Der Lehrer überprüft, ob die Gerätearrangements nach dem Aufbau in einem sicheren, gefahrenfreien Zustand sind. Er gibt Tipps, wie große Geräte getragen und aufgebaut und einzelne Seile verknotet werden.

Die *Erwärmung* beinhaltet bereits das Thema Klettern. Ein Kletteranfänger arbeitet hauptsächlich mit der Arm-, Hand- und Fingermuskulatur, da er technisch noch nicht in der Lage ist, die Beinmuskulatur optimal einzusetzen. Diesen Muskelpartien wird deshalb besondere Aufmerksamkeit geschenkt. Um den dennoch wichtigen Einsatz der Beinmuskulatur frühzeitig zu erkennen, werden die Schüler zu Beginn der Unterrichtseinheit mit taktisch geschicktem Klettern konfrontiert.
Im *Hauptteil* bewältigen die Schüler die Aufgaben an den einzelne Stationen selbstständig. Die Schüler lernen unterschiedliche Kletterarrangements kennen. Hilfen durch den Partner sind erwünscht. Nachdem den Gruppen genügend Zeit zum Erkunden zur Verfügung gestellt wurde, werden gefundene Einzelleistungen demonstriert. Daran anschließend beginnt eine erneute Übungsphase, bei der die Schüler die vorher gesehenen „Kunststücke" nachahmen.

3.6.4 *Realisierung*

Auf Aufbaukarten sind verschiedene Gerätearrangements aufgezeichnet. Die Karten wurden vom Lehrer in Puzzleteile zerschnitten und in der Hallenmitte ausgelegt. Die Anzahl der Puzzleteile entspricht der Anzahl der Schüler. Die Schüler laufen auf Musik kreuz und quer durch die Halle. Sie variieren ihre Fortbewegungsart mehrfach (vorwärts laufen, rückwärts laufen, seitwärts laufen, anfersen etc.). Sie können sich willkürlich einem anderen Schüler anschließen und dessen Bewegungen imitieren. Stoppt die Musik, so laufen die Schüler zur Hallenmitte und ziehen ein Puzzleteil. Die Schüler finden sich in Gruppen zusammen, indem sie durch Anlegen an andere Puzzleteile ein sinnvolles Gesamtbild erstellen. Haben sich die Gruppen gefunden, beteiligen sich die Schüler am Aufbau, der auf dem Gesamtbild dargestellt ist. **Gruppenzuteilung und Aufbau**

Beispiel „Kletterlandschaft" 95

Erwärmung

- Jeder Schüler besitzt eine Teppichfliese. Diese liegt mit der Veloursseite nach unten am Boden. Die Schüler benutzen sie als „Roller".
- Jeder Schüler besitzt zwei Teppichfliesen. Sie bewegen sich wie beim Schlittschuhlaufen fort.
- Der Schüler steht beidbeinig auf einer Teppichfliese. Die zweite wirft er in noch erreichbare Weite vor sich auf den Boden, springt auf diese und greift wieder nach der ersten etc.
- Zu zweit: A steht auf einer Teppichfliese. B zieht A an den Händen durch die Halle, Rollentausch.
  Variationen: a) A sitzt auf der Fliese, B zieht A an den Füßen durch die Halle, b) A sitzt freihändig im „Schwebesitz" auf der Fliese, B zieht A an den Füßen durch die Halle, c) A stützt vorlings mit den Händen auf der Fliese auf, B greift die Beine von A oberhalb der Kniegelenke und bewegt diesen im „Schubkarren" durch die Halle.
  Vorsicht: A muss die Schultern ein wenig hinter die Hände verlagern, so dass Druck auf die Fliese ausgeübt werden kann.

Im Schlittschuhschritt laufen die Schüler durcheinander durch die Halle. Begegnen sie einem Gerät, so ziehen sie sich mit den Armen an ihm entlang.

Die Teppichfliesen liegen in der Halle verstreut aus. Die Schüler laufen um diese herum. Auf ein Signal des Lehrers „besetzen" sie schnell eine Fliese und imitieren die vom Lehrer vorgeführte Dehnübung. Hier ist besonders auf die Dehnung der Arm-, Hand- und Fingermuskulatur sowie auf die gesamte Bein- und Fußmuskulatur zu achten. **Dehnen**

- Die Schüler begeben sich mit ihrer Gruppe zu der von ihnen zuvor aufgebauten Station. Sie klettern und turnen frei, aber in Abstimmung und mit Hilfe eines Partners/der Gruppe an dem Gerätearrangement. Bemerkt der Lehrer, dass den Schülern Ideen oder die Kraft ausgehen, gibt er ein Signal zum Wechseln der Station im „Uhrzeigersinn". Überschätzen sich die Schüler, so dass Gefahr droht, dann gibt der Lehrer das Signal „Zeitlupe". Die Schüler dürfen für eine gewisse Zeit ausschließlich langsame Bewegungen ausführen. **Hauptteil**
- Nachdem die Schüler alle Stationen kennen gelernt haben, lösen sich die Gruppen auf. Jeder Schüler übt an seiner „Lieblingsstation".
- Freiwillige zeigen ihre gefundenen Bewegungsformen.
- Ein weiterer Durchgang beginnt, bei dem die Schüler die vorgeführten Ideen aufgreifen.
- Vorschläge des Lehrers sollen aufgegriffen werden.

Station 1 **Stationen**

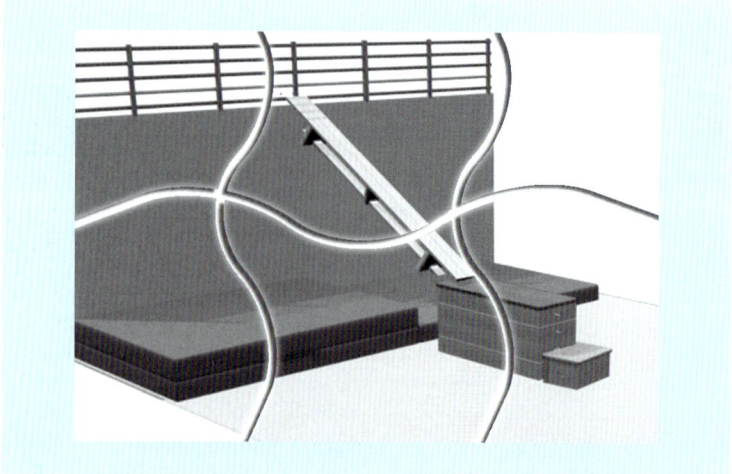

Beispiel „Kletterlandschaft" 97

Über eine Langbank, an einem großen Kasten eingehakt, gelangt man zur Empore der Sporthalle (die Bank sicher am Geländer festbinden). Das Geländer ist mit Klebestreifen in verschiedenen Farben beklebt. Nach einem Kletterweg am Geländer entlang können sich die Schüler durch einen Mutsprung in die Tiefe auf eine Weichbodenmatte retten.

Vorschläge zum Bewegen an Station 1
- Die Langbank auf unterschiedliche Weise „beturnen": Bäuchlings hochziehen, von der Rückseite aus erklimmen, rückwärts im aufrechten Stand, zwischen Ober- und Unterteil der Bank hin- und herschlängeln.
- Bunte Klebestreifen geben vor, wo Hände und Füße das Geländer zum Festhalten berühren dürfen. Beim Klettern können leichte Wege (blaue Markierungen) und schwierige Wege (rote Markierungen) ausprobiert werden.
- Niedersprünge in folgenden *Variationen:*
  – Grätschen der Beine in der Luft
  – Landung in der Hocke, Anhocken der Beine in der Luft
  – Landung in der Hocke, 1/2-Drehung im Flug
  – Landung in der Hocke, Absprung beliebig
  – Landung im gegrätschten Langsitz, den Flug auf der Weichbodenmatte durch seitliches Abrollen abfangen.

Station 2
An einer Kletterleiter wird eine Weichbodenmatte senkrecht aufgestellt. Weit oben an der Leiter sind ein Kletterseil und ein Gipfelbuch mit einem Stift befestigt. Das Kletterseil hängt bis zum Boden. Es hat im Abstand von einem halben Meter je einen Knoten, sodass sich die Schüler besser festhalten können. An einer anderen Stelle an der Gitterleiter ist eine Langbank eingehängt.

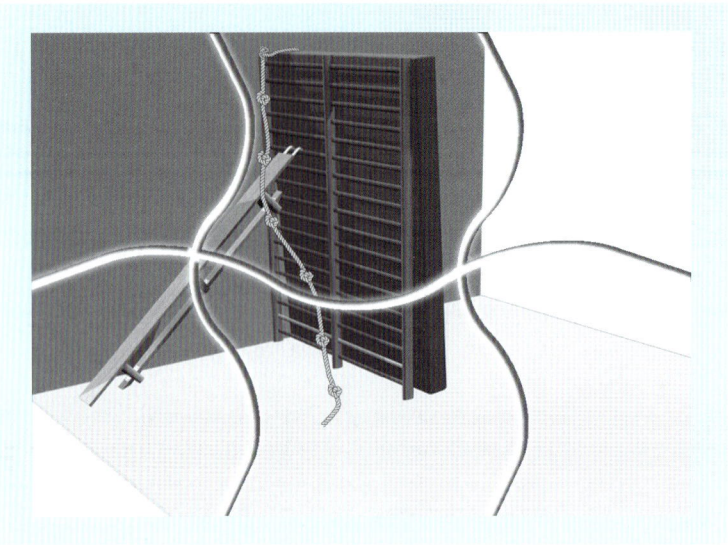

Vorschläge zum Bewegen an Station 2
- Mit Stütz der Füße an der Weichbodenmatte und Griff der Hände am geknoteten Seil erklimmen die Schüler den „Mattenberg". Sie tragen den erfolgreichen Aufstieg ins Gipfelbuch ein und nehmen anschließend den Leiterabstieg.
- Die Schüler erklettern den Berg über die Langbank und führen dazu unterschiedliche Fortbewegungsarten mit und ohne Partner/Gruppe durch.
- Die Schüler bewältigen den Abstieg am Seil.
- Zwei Schüler bewältigen gemeinsam und gleichzeitig den Auf- und Abstieg.
- Die Schüler nehmen Anlauf und steigen ohne Zuhilfenahme des Seiles an der Weichbodenmatte hoch.

Beispiel „Kletterlandschaft"

Station 3
Taue: An dem äußersten Tau wird mit einem Karabinerhaken ein Kletterseil (zuvor mit „Trittschlingen" versehen) an die Verankerung unterhalb der Decke eingehängt. Dies gelingt am besten an einer Ringeaufhängung. Diese kann zum Einhaken des Kletterseiles herabgelassen und anschließend wieder in der Höhe befestigt werden. Neben den beiden äußeren Tauen steht jeweils ein großer Kasten.

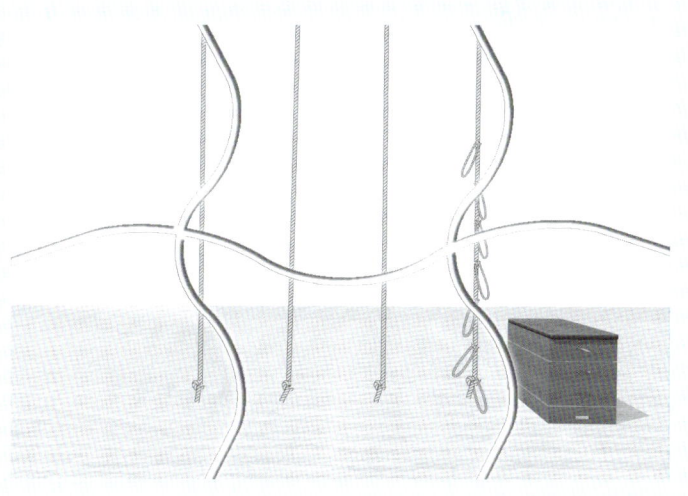

Vorschläge zum Bewegen an Station 3
- Von „Trittschlinge" zu „Trittschlinge" aufwärts steigen, am Tau abwärts auf den Kasten gleiten und anschließend ohne Bodenberührung von Tau zu Tau hangeln und am letzten Tau absteigen.
- 2–3 Trittschlingen erklimmen, ins Schaukeln geraten und von Tau zu Tau schwingen. Am letzten Tau abwärts klettern und absteigen.

Gestalten: Die Schüler bewegen sich kreuz und quer im langsamen Lauftempo durch die Halle. Begegnet ihnen ein Gerät, so überspringen, übersteigen, überklettern oder überschlagen sie dieses. Entwickelt sich daraus ein virtuoses Turnen, demonstrieren einzelne Schüler den anderen Schülern ihren Turnweg (Run).

Die Schüler sind jeweils für den Abbau der Station verantwortlich, die sie zu Beginn der Unterrichtseinheit aufgebaut haben. Auch besteht nach Absprache mit den anderen Lehrern die Möglichkeit, die Stationen aufgebaut zu lassen, damit weitere Klassen vom Aufbau profitieren können. **Abbau**

3.7 Von der Bewegungserfahrung zur Bewegungsfertigkeit am Beispiel „Flick-Flack"

3.7.1 Thematik

Im Handlungsbereich „Erlernen einer Bewegungsfertigkeit" im Turnunterricht steht zu Anfang die Entscheidung für ein Übungselement. In der Schule kommt es selten dazu, dass der Lehrer die Bewegungsfertigkeit „Handstützüberschlag rückwärts", den so genannten Flick-Flack, wählt. Das ist bedauerlich. Zwar begreifen Lehrer das Bodenturnen im Gegensatz zum Reck- oder Barrenturnen als geeignete Lehrmaßnahme, Differenzierungsmaßnahme und körperbildende Variante. Dennoch fällt die Wahl innerhalb der Strukturgruppe der Überschlagsbewegungen zumeist auf Elemente wie den „Handstützüberschlag seitwärts" (Rad), zum Teil mit 1/4-Drehung geturnt (Radwende) oder in höheren Klassenstufen auf den „Handstützüberschlag vorwärts" (Handstandüberschlag). Diese Entscheidung ist aus vielerlei Gründen unverständlich. Es macht wenig Sinn, sich mit einem Bewegungslernen zu befassen, zu dem die Schüler einerseits wenig Identifikation und andererseits wenig Voraussetzungen haben. Schüler, die in ihrer Freizeit nicht mehr turnen, können nicht verstehen, warum es gut sein soll ein Rad zu können, zumal damit im Freundeskreis niemand mehr zu beeindrucken ist. Auch für die Ausbildung eines Rades ist eine gute Grundlage erforderlich. Die Schüler müssen ihr Gewicht auf den Händen tragen, sich beim „Kopf-Über-Sein" orientieren und bewegungsanalytisch gleichzeitig und nacheinander ablaufende Bewegungssequenzen koordinieren. Ganz gewiss verlangt das Erlernen des Flick-Flacks nicht nur Mut, sondern eine körperlich gute Verfassung. Schüler stellen sich der Herausforderung, Flick-Flack statt Rad zu erlernen aber lieber. Einen Flick-Flack turnen zu können, stellt für viele Schüler eine Bereicherung ihres „Bewegungskapitals" dar.

Hat sich der Lehrer dazu durchringen können, sich diesem Wagnis zu stellen, dann müssen methodische Entscheidungen getroffen werden. Es bleibt ihm fast nichts anderes übrig, als sich der Parallelen zum Vereinssport zu bedienen. Tipps bieten Lernschritte in „Methodischen Übungsreihen". Wie bereits erwähnt, muss dieses Vermittlungsverfahren für den Schulsport an zahlreiche Bedingungen geknüpft werden. Dafür wurde der Gedanke der „Methodischen Übungsreihe" für das Schulturnen in zweierlei Hinsicht variiert. Einerseits wurden klare methodische Anweisungen durch indirekte, also „offene" Aufgabenstellungen ergänzt, um so den Schülern die Möglichkeit zu geben, in anderen Sportarten gemachte Erfahrungen auf das Turnen zu übertragen. Über Parallelen zu Gekonntem sollen die Schüler die für sie „neuen" methodischen Schritte sicherer und angstfreier bewältigen. Andererseits ist die klassische Form des Riegenbetriebes zu vermeiden, bei der sehr viele Schüler lange Wartezeiten in Kauf nehmen, bis sie von einem Lehrer tatkräftig unterstützt werden. Um diese Bedingungen zu gewährleisten ist es erforderlich, dass die Schüler motorische, kognitive und soziale Kompetenzen erwerben, die sie befähigen, selbstständig in Gruppen zu arbeiten. Dadurch, dass die jeweilige Übung mit Hilfe des Lehrers und dann in Stationsform mit Unterstützung durch die Gruppenmitglieder ausgeführt wird, kann den unterschiedlichen Lerntempi angepasst gearbeitet werden. Erscheinungsform (Gerätturnen), didaktische Sinnauslegung (Sportartenorientierung), Bewegungsräume (Turnhalle) bleiben erhalten – dementsprechend sind im Barren-Modell die Pfeiler unmissverständlich an Normen justiert. Zu einem universellen Verständnis von Turnen gehört primär die Ausrichtung an der Sache, hier an dem vom Schüler gewünschten Fertigkeitslernen.

Klassenstufe 7–10

Die Attraktion, die eine Turnübung ausstrahlt, ist für Erfolge oder Misserfolge im Schulturnen, ausschlaggebend. Zum Flick-Flack haben die Schüler eine Bewegungsvorstellung, zumal diese Bewegung in Musik-Videoclips, in der Werbung, im Zirkus oder im Hip-Hop-Dance auftaucht. Zugunsten der Schülerinteressen wird auf Perfektion der Zielübung verzichtet. Unter Berücksichtigung der Leistungsdifferenzierung erweitern die Schüler zwar ihr Bewegungsrepertoire im Turnen und nehmen den Flick-Flack in ihren Bewegungskanon mit auf, die einzelnen Schritte steuern aber nicht nur auf das Endresultat zu. Eher ist hier Unterricht so zu gestalten, dass jede einzelne Bewegungsphase als Erfolg erlebt werden kann.

Einstellungen im Barren-Modell

Barrenpfeiler C muss immer wieder entsprechend der Schülerdispositionen symbolisch verstellt werden. Auch muss die Auswahl der Fertigkeiten im Turnunterricht nicht immer mit der Auswahl der Elemente im Bildungsplan deckungsgleich sein, sodass der Barrenpfeiler D bildlich betrachtet in Richtung Veränderung tendiert. Mehrperspektivischer Turnunterricht darf keineswegs die gebundene Fertigkeit und die daran begründeten Forderungen nach Schwierigkeitssteigerung, Körperbeherrschung oder Herausforderung ausschließen. Dennoch ist der Leistungsanspruch kontinuierlich an den Interessen der Schüler und an weiteren Gegebenheiten im Turnunterricht zu prüfen. Es ist nicht notwendig, dass die Schüler im Anschluss an diese Unterrichtseinheit den Flick-Flack ohne Partnerhilfe ausführen können. Die Unterrichtseinheit begnügt sich mit der Formulierung von Zielorientierungen. Körperspannung, Körperhaltung, Körperbeherrschung, Partner- und Gruppenbewegung sowie das manchmal beharrliche „Dranbleiben" an einem Bewegungsprozess sind zu nennen. Erfolg verspricht eine dahin umgearbeitete „Methodische Übungsreihe", wenn sie folgende Bedingungen berücksichtigt:

- Einzelschritte attraktiv gestalten bei Orientierung an der technisch exakten Bewegungsanalyse – im Folgenden nach Knirsch (1991b, S. 90–95).
- Alternativen bieten, die nicht ausschließlich auf Einzelleistungen und die technisch korrekte Endform des „phasenreinen" Flick-Flacks zielen.
- An Erfahrungen mit gegenseitigem Helfen und Sichern ansetzen.
- Übernahme von Verantwortung für die Eigenrealisation.
- Rückmeldung zum Lernerfolg und Lernmisserfolg geben.
- Überforderungen vermeiden, indem das Lerntempo von den Schülern selbstständig bestimmt wird.
- Gleichzeitiges Bewegen von vielen Schülern ermöglichen.
- Erfahrungen mit dem „Überschlagen rückwärts" (Hochsprung, Rückenkraul-Start, Kampfsport etc.) nutzen.
- Lernniveau der einzelnen Schüler berücksichtigen.

3.7.2 Intention

Lerngelegenheiten

Zugunsten von Differenzierung und Interessenbildung wird auf Perfektion verzichtet. Die Situation „Überschlagen rückwärts" an einer für die Schüler schwierigen Fertigkeit soll als erlebnisreich und spektakulär nachempfunden werden. Ein in dieser Unterrichtseinheit sich eventuell entwickelnder Leistungsanspruch ist zu fördern. Das körperbeherrschte

Rückwärtsspringen, das schnelle Drehen um die Körperbreitenachse und das wendige Wechseln in unterschiedliche Positionen soll die Schüler in Begeisterung versetzen. Geprägt von der Aufforderung, im Turnunterricht Bewegungskünste zu thematisieren, wird die reglementierte Bewegungsumwelt des Turnens zum Vorbild. Die Schüler verfolgen ihre eigenen Vorstellungen von einem fertigkeitsgebundenen Turnen, damit sie ihre Motivation aufrechterhalten, um einen längeren Entwicklungsprozess durchzustehen. Sie sollen überwiegend auch Spaß haben.

3.7.3 Organisation
Die *spezielle Erwärmung* nimmt inhaltlich bereits Bezug zum Thema auf, sie setzt Partnerarbeit voraus und teilt in Gruppen ein, um den Aufbau zu bewältigen. Auch hat sie zum Ziel, den Körper zu erwärmen.

Der *Hauptteil* befasst sich mit einer systematischen, an Schülerqualifikationen und Schülerinteressen orientierten Erarbeitung der Bewegungsfertigkeit Flick-Flack.

3.7.4 Realisierung
Auf einem Plakat sind wichtige bewegungstechnische Aspekte des Flick-Flacks und ein Phasenbild fixiert.

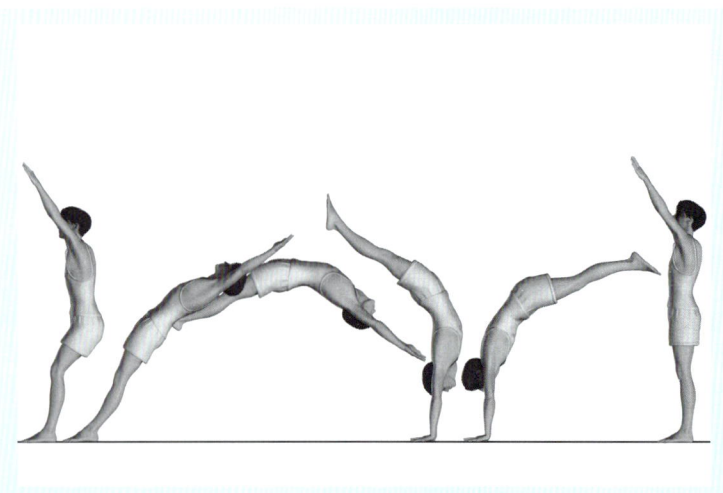

Ausholbewegung
- Stand mit leicht geöffneter Fußstellung
- Sitzhaltung, Körper nach unten und hinten verlagern
- Belastung der Fersen

Spezielle Erwärmung und Gruppeneinteilung

Hauptaktionen
- Armschwung rückwärts über Kopf
- Kopf in den Nacken nehmen
- Kniegelenkstreckung; Fußabdruck über die FERSE
- Rumpf zurückbeugen
- Körper überstrecken = BOGENSPANNUNG
- Hände schulterbreit (über Kopf) aufsetzen

Endposition
- dynamisches Senken der Beine
- Oberkörper gleichzeitig aufrichten
- durch Handabdruck vom Boden in den Stand gelangen

Der Ablauf der Unterrichtseinheit orientiert sich partiell an der „Methodischen Übungsreihe" zum Erlernen des „Handstützüberschlages rückwärts" nach Knirsch (1991b, 90–95). Diese Reihung eignet sich mit den oben erwähnten Einschränkungen für den Turnunterricht an Schulen. Die einzelnen Lernphasen lauten:

- *Kennenlernen der ungewohnten „Auf-Dem-Kopf-Position"*
- *Kennenlernen der optimalen Ausgangsposition*
- *Kennenlernen der Gesamtbewegung unter reduzierter Dynamik*
- *Kennenlernen der Energiezufuhr*
- *Zielbewegung*

Die Schüler laufen auf Musik (Lauftempo!). Stoppt die Musik, laufen sie in die Hallenmitte und wählen aus dort ausgelegten Kärtchen eines aus. Auf jedem Kärtchen steht eine Bewegungsanweisung, die als Voraussetzung für das Erlernen des Flick-Flacks gelten kann: Führe eine „Kerze" aus (Körperspannung), führe einen „Handstand an der Wand" aus (Gewicht auf Händen tragen), drehe dich zweimal um dich selbst, stelle dich auf ein Bein und schließe die Augen (Gleichgewichtsfähigkeit, Körperspannung), baue mit deinem Körper einen Bogen/eine Brücke (Bogenspannung), führe eine „Standwaage" aus und schließe dabei die Augen (Gleichgewichtsfähigkeit, Körperspannung) etc.

Die Schüler befolgen diese Anweisung und legen anschließend den Zettel nochmals zurück. Mehrere Durchgänge nach dem gleichen Prinzip folgen.

Stoppt die Musik zum letzten Mal, werden die Schüler aufgefordert, den Begriff „Flick-Flack" mit ihren Körpern zu schreiben. Daran beteiligen sich alle Schüler. Diese Übung teilt gleichzeitig die Klasse in zwei Gruppen auf. Die Gruppe, die an der Darstellung des Wortes „Flick" beteiligt war, erhält Aufbauanweisungen, die Gruppe „Flack" ebenso.

Gruppe "Flick" **Gruppe "Flack"** **Aufbau**

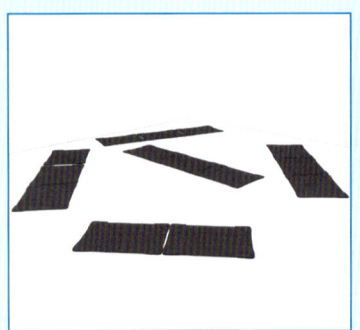 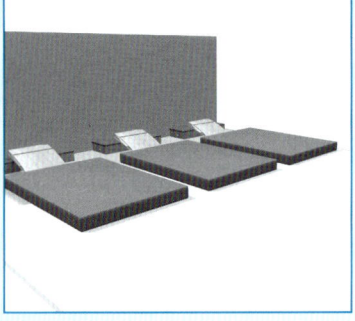

Beispiel „Flick-Flack" 107

Gruppe „Flick" baut folgende Geräte auf: mehrere „Matteninseln". Gruppe „Flack" baut folgende Geräte auf: Kastenoberteil an eine Wand schieben, ein Sprungbrett so darauf legen, dass eine schiefe Ebene entsteht, eine Weichbodenmatte halb auf das Sprungbrett ziehen. Unter dem hinteren Teil der Weichbodenmatte liegt eine Gerätturnmatte, damit die Weichbodenmatte nicht wegrutschen kann (dieses Arrangement wird 3x aufgebaut). Weitere Weichbodenmatten liegen in der Nähe dieses Arrangements.

Dehnung der Muskulatur

Auf mehreren Karten sind Dehnpositionen aufgezeichnet, die die Schüler bereits kennen. Die Übungen für die Stützmuskulatur, die Sprungmuskulatur sowie die Rückenmuskulatur sind im Hinblick auf den Stundeninhalt „Flick-Flack" ausgewählt worden. Die Karten werden an verschiedenen Stationen ausgelegt. Die Schüler teilen sich den einzelnen Stationen zu. Eine CD wurde zuvor so bespielt, dass im Wechsel jeweils 2-mal 20 sec. ruhige Musik und anschließend 15 sec. belebte Musik ertönt. Während der ruhigen Intervalle nehmen die Schüler diejenige Dehnposition ein, die auf der Karte an ihrer Station aufgezeichnet ist (zweites Musikintervall ist zum Wechsel der Körperseite gedacht). Immer wenn die belebte Musik ertönt, lockern die Schüler die beanspruchte Muskulatur, während sie gleichzeitig im Uhrzeigersinn zur nächsten Station wechseln.

Hauptphase

Kennenlernen der „Auf-Dem-Kopf-Position"
Die Schüler führen 3 Übungen aus, bei denen der Kopf nach unten zeigt und die Füße zur Hallendecke gerichtet sind. Gehen die Ideen der Schüler aus, weist der Lehrer darauf hin, dass ein Partner, die Langbank oder etwa ein Fußballtor (verankert) zur Lösung hinzugezogen werden können.

Kennenlernen der optimalen Ausgangsposition
- Die Schüler reichen sich partnerweise (Doppelarmgriff) die Hände und nehmen die für den Flick-Flack geforderte Sitzhaltung ein. Durch gegenseitiges Ziehen und Drücken versuchen sich die Schüler aus dem Gleichgewicht zu bringen.

- Die Schüler führen die exakte Ausgangsposition an der Hallenwand aus. Sie strecken die Arme so über Kopf, dass die Oberarme die Ohren berühren.

- Die Schüler nehmen die erlernte „Sitzhaltung" mit einem Partner vor einer Weichbodenerhebung (drei Weichböden übereinander legen) ein. Ein Schüler steht mit dem Rücken zur Matte. Die Partner greifen sich im „Doppelarmgriff". Auf ein akustisches Signal löst der Schüler, der mit dem Rücken zur Weichbodenerhebung steht, seine Hände aus denen des Partners. Er springt nach hinten und oben ab, streckt gleichzeitig die Beine und schwingt die Arme über den Kopf, sodass eine kurze Flugphase mit Bogenspannung entsteht. Er landet in Rückenlage, der Kopf wird dazu aus der Nackenposition zur Landung wieder zur Brust geneigt.

- Vor der Weichbodenerhebung: Wie beim Erlernen des „Fosbury-Flops" in der Leichtathletik wird eine Zauberschnur vor der Weichbodenmatte gespannt. Die Schüler springen rückwärts über die Zauberschnur und landen in Rückenlage auf der Weichbodenmatte.
- Die Flugphase wird durch Abbau des Mattenberges – erst zwei Matten übereinander, dann nur noch eine Matte – verlängert. Geübt wird an mehreren Aufbauten gleichzeitig.

Kennenlernen der Gesamtbewegung unter erleichterten Bedingungen
- Zwei „Träger" stehen sich gegenüber und fassen sich im Doppelarmgriff an den Armen. Sie imitieren mit den Armen einen Stuhl (ein Armpaar ist niedriger als das andere). Ein Schüler setzt sich auf diesen „Stuhl". Er bringt die Arme in Streckung über den Kopf, sodass die Oberarme an den Ohren anliegen. Die „Träger" stellen den

Schüler langsam rückwärts auf seine Hände. Aus dem Handstand schwingt der Schüler ab in den Stand. Wichtig ist, vorweg auf die Hüftverlaufskurve beim Flick-Flack zu verweisen. Anhand des Bewegungsverlaufsbildes erkennt man, dass diese Kurve während der Bewegung erst ansteigt, um schließlich wieder abzufallen. Dazu ist Bogenspannung erforderlich. Die „Träger" müssen, um den Übenden

auf die Hände und nicht auf den Kopf zu stellen, die Armpositionen tauschen (vorderen Arm heben und hinteren senken).
- Das Hinsetzen wird gleichzeitig mit einem erst geringen und anschließend stärkeren Abspringen gekoppelt.

Kennenlernen der Energiezufuhr
- *An der „schiefen Ebene":* Der Übende steht mit seiner Körperfront zur Wand; geholfen wird in gleicher Weise wie bei der Übung vorher. Die schiefe Ebene bietet den Vorteil, dass die Bewegung durch automatisches Rückverlagern schneller und dynamischer wird und dass die Steuerung der Bewegungsrichtung durch die Ausgangsposition vorgegeben ist. Zusätzlich sollen die Schüler von Versuch zu Versuch stärker abspringen.
- *Hilfestellung ändern:* Die Helfer suchen sich einen festen Stand: Ein Bein steht mit auf dem Sprungbrett, das andere auf der Weichbodenmatte. Sie bieten Tragehilfe, indem eine Hand an der Oberschenkelrückseite (Hosenbund umgreifen) und die andere Hand am Gesäß anfasst. Nach wie vor unterstützen die Helfer den Anstieg der Hüftverlaufskurve durch kräftiges Anheben des Körpers.
- S. o. mit nur einer Person als Hilfestellung.

Beispiel „Flick-Flack" 111

- Flick-Flack mit zwei Helfern auf einer Matteninsel. Hilfestellung wie vorweg.
- Flick-Flack mit einem Helfer auf einem Bodenläufer. Hilfestellung wie vorweg.

Für alle Schritte gilt
- Der Lehrer lässt immer wieder bewegungstechnische Erklärungen einfließen. Das Bewegungsbild hilft, dass die Schüler allmählich eine Bewegungsvorstellung vom „Flick-Flack" erhalten.
- Jede Übungsform wird zuerst beim Lehrer ausgeführt, erst anschließend werden Gruppen zum selbstständigen Arbeiten gebildet.
- Die gegenseitige Hilfestellung der Schüler muss vom Lehrer beaufsichtigt werden.
- Die Schüler bestimmen das Lerntempo selbst. Sie bleiben so lange bei einer Übungsform, bis sie sich freiwillig der nächsten widmen möchten.

3.8 Turnen als Mannschaftsdisziplin am Beispiel „Akrobatik"

3.8.1 Thematik

Turnen ist eine besondere Kunstform. Es ist unmittelbares Erleben von Körperbeherrschung. Die vielfältigen Erlebnisse mit dem ganz besonderen Ausdruck, das den Geräten Ausgeliefertsein und die Triumphe über den Körper führen beim Turner dazu, dass diese Sportart für ihn etwas Außergewöhnliches ist. Das virtuose Zusammenspiel von Körper und Turnbewegung bleibt einem Großteil der Schüler jedoch verborgen. Das Bewegungskönnen als positiv zu erleben, kann mit einem Turnen, so wie es herkömmlich angeboten wird, nicht immer gelingen.

Attraktivität durch Showeinlagen im Turnunterricht

Einfacher ist der Zugang über die Akrobatik. Die Faszination der Akrobatik und ihr hoher Bewegungsanreiz für den Sportunterricht gehen wahrscheinlich darauf zurück, dass dieses Bewegungsfeld mit Zirkus, Aufführung und Show in Verbindung gebracht wird. Die Bewunderung gilt vor allem den Artisten, die sich in knifflige Körperlagen bringen und die Gesetze menschlicher Bewegungsmöglichkeiten zu brechen scheinen. Akrobatik ist kein Ersatz für Turnen, sondern eine Ergänzung.

Akrobatik in der Schule ist eine Turnform, bei der sich zwei oder mehrere Menschen in Körperkontakt befinden und über diesen Kontakt gemeinsame Körperlagen einnehmen. Sie funktioniert nicht ohne Kooperation der Schüler untereinander. Das miteinander Turnen verleiht der eigentlichen Individualsportart Gerätturnen eine mannschaftssportliche Ausrichtung. Die Schüler projizieren Erfahrungen, die sie im Turnen an Geräten bereits gemacht haben, auf den Partner oder die Gruppe, während sie gleichzeitig die besonderen Gesetzmäßigkeiten der Akrobatik kennen lernen. Sie stimmen die eigenen Körperreaktionen auf die Reaktionen des anderen Körpers ab. Um behutsam miteinander zu turnen, müssen mechanische Gesetzmäßigkeiten und die Anatomie des Körpers beachtet werden. Allein aus der Beschaffenheit unseres Körpers ergeben sich geeignete Partien, auf denen ein Stehen, Sitzen, Liegen und Turnen möglich wird. Ohne spezielle Kenntnisse über diese Sportart stößt ein freies Experimentieren schnell an Grenzen. Schlimmstenfalls ist dann mit Verletzungen zu rechnen. Um die Gemeinschaftsleistung beispielsweise einer Menschenpyramide zu erleben, müssen Schüler und Lehrer kalkulierbare Risiken eingehen. Sicher und erfolgreich turnen sie nur, wenn sie über die notwendigen Kenntnisse verfügen. Griffe, Kniffe und Bewegungstechniken müssen ausgebildet werden, sie erschließen sich nicht von selbst. Freies Experimentieren wird in der Akrobatik dadurch begrenzt, dass einige Positionen auf- und übereinander schmerzhaft sein können. Einer völlig freien Entdeckungsreise können auch Berührungsängste der Schüler untereinander im Weg stehen.

In der Unterrichtseinheit haben die Schüler die Möglichkeit, über direkte Bewegungsangaben mehr Selbstvertrauen zu gewinnen, um Bewegungskünste zu erlernen. Vom Lehrer wird erwartet, dass er die Schüler neugierig macht, sie experimentieren lässt, ihre Kreativität unterstützt und sich um die Ausbildung der erforderlichen Techniken kümmert. Außerdem soll die Demonstration der Ergebnisse bewusst geplant werden. Im Gegensatz zu Gruppen- oder Partnergestaltungen im Freien Turnen, präsentieren die Schüler in der Akrobatik ihre Bewegungen ausschließlich statisch. Gemeinsame Fortbewegungen bleiben aus. Eher steht das Erobern von dreidimensionalen Raumlagen durch den „Pyramidenbau" im Vordergrund.

Einstellungen im Barren-Modell

Barrenpfeiler A pendelt sich symbolisch niedrig, beim klassischen Gerätturnen, ein. Die Akrobatik verfolgt mehrperspektivische Ziele, sodass Barrenpfeiler B in Richtung Konzept Handlungsfähigkeit weist. Jeder Schüler justiert nach seinen eigenen Begabungen den Barrenpfeiler C. Barrenpfeiler D präsentiert Schule in freizeitsportlicher und circensischer Stimmung, was an einen Unterricht fern von schulischen Bedingungen wie Notengebung und Gerätenormen erinnert.

Die Akrobatik bringt unter dem Organisationsaspekt erhebliche Vorteile mit sich. Auf- und Abbauzeiten sind im Gegensatz zu sonstigen Praxisbeispielen im Gerätturnen gering. Da die Schüler aneinander turnen, brauchen sie keine Geräte. Ein paar Matten ausgelegt und schon kann das Bewegen beginnen. Eine Ausführungsvariante auf Sand eignet sich im Sinne einer „Beachakrobatik".

3.8.2 Intention

Gerade weil schnelle und risikoreiche Positionen erarbeitet werden, ist ein behutsamer Umgang der Schüler untereinander erforderlich. Fürsorgliches Verhalten sorgt für Angstreduktion. Außerdem wird das Erlernen spektakulärer Kunststücke dadurch erst ermöglicht. Klare Anweisungen zum Bewegen haben den Sinn, Verletzungen vorzubeugen und Bewegungserfolge zu sichern. Sind die wichtigsten Verhaltens- und Bewegungsregeln geklärt, können die Schüler, mit einem Vorverständnis von der Akrobatik, auch offene Aufgaben bewältigen. Ob bei geschlossenen oder offenen Aufgabenstellungen, der Lehrer muss für die Sicherheit sorgen. Anregen zum Partnerkontakt, Erlernen von akrobatischen Positionen und Pyramiden, Improvisation mit typisch akrobatischem Bewegungsmaterial und gemeinsame Darstellung von Ergebnissen sind in eine optimale Beziehung zueinander zu bringen. Die abschließende Demonstration der Unterrichtsergebnisse in Form einer Aufführung rundet die Einheit ab, fasst die Unterrichtsergebnisse zusammen und sorgt zudem für ein Zusammengehörigkeitsgefühl unter den Schülern.

Lerngelegenheiten

3.8.3 Organisation

Der *Einstieg* nimmt auf den Stundeninhalt Bezug, sodass erste Erfahrungen mit einem Partner und der Gruppe gemacht werden können. An einfachen Gleichgewichts-, Kraft-, Körperspannungsübungen sowie Übungen zur Schulung sozialer Kompetenzen erkennen die Schüler, welche Regeln sie befolgen müssen, damit man an einem oder mehreren Partnern turnen kann.

Über das Ausprobieren sammeln die Schüler gemeinsam mit dem Lehrer Verhaltensregeln für ein verletzungsfreies Bewegen in der Akrobatik. Sportunterricht darf niemals zu einer theoretischen, bewegungsarmen Veranstaltung werden. Das kognitive Erfassen geschieht über körperliches Ausprobieren. Für das Erproben der Basistechniken sind die relevanten Regeln zusätzlich auf einem Plakat fixiert. Bei Bedarf kann auf die eine oder andere Regel kurz verwiesen werden.

Beispiel „Akrobatik"

Im *Hauptteil* „bauen" die Schüler Menschenpyramiden. Hierzu erhalten sie Illustrationen zu den einzelnen Pyramiden und versuchen, die vorgegebenen Körperlagen nach zu bauen.

Anschließend erfinden die Schüler eine eigene Pyramide, zeichnen diese auf ein Plakat auf und geben ihrer Gruppe einen Künstlernamen. Sie erarbeiten eine Aufführungsnummer. Dazu überlegen sie sich einen geschickten Auftritt (Radschlagen, Springen, Laufvariationen, mit der Gruppe eine Schlange bilden) und ebenso eine besondere Form, wie sie die Bühne wieder verlassen. Jetzt kann die *Vorstellung* beginnen.

3.8.4 Realisierung

Einstieg mit thematischem Bezug und Erwärmung

Die Schüler laufen kreuz und quer durch die Halle. Das Laufen wird durch Musik unterstützt. Der Lehrer stoppt die Musik und hebt eine Karte hoch, auf der ein Buchstabe und eine Zahl aufgemalt sind. Die Zahl signalisiert die Anzahl der Schüler, die sich zusammen zu einer Gruppe finden. Der Buchstabe wird von den Schülern im dreidimensionalen Raum dargestellt. Dadurch ergeben sich bereits die ersten einfachen Menschenpyramiden. Die Übungsform wird mehrmals mit unterschiedlichen Buchstaben und Zahlen wiederholt.

Die Akrobaten laufen durcheinander auf Musik. Sie variieren die Laufform (vorwärts, rückwärts, seitlich überkreuzen, Kniehebelauf, anfersen etc.). Bei Musikstopp verharren sie sofort in einer Pose mit Ganzkörperspannung. Beim „Verharren" werden mehrere Personen von dem Lehrer „erlöst". Diese tragen gemeinsam die anderen in ihren „Versteinerungen" zu einer Matteninsel (2 bis 3 Niedersprungmatten nebeneinander). Auf der Matteninsel entsteht ein Gesamtkunstwerk.

Ein Schüler begibt sich auf die Matteninsel in eine beliebige Position. Ein zweiter Schüler lehnt sich in einer weiteren Position an den ersten Schüler an. Ein dritter und ein vierter Schüler kommen dazu und vollenden das Gesamtkunstwerk durch Aufsteigen, Auflegen oder Aufsetzen auf die anderen Schüler. Wenn vier Schüler am Kunstwerk beteiligt sind, bauen diese das Gesamtwerk wieder ab und verlassen die Matte. Ein neues Kunstwerk kann entstehen.

Damit sich die Schüler an Partnerarbeit gewöhnen, werden funktionelle Übungen zur Mobilisierung und Dehnung von dem Lehrer vorgegeben, die nur mit einem Partner bewältigt werden können.

→ *Alle Schüler ziehen ihre Sportschuhe aus!* **Dehnen paarweise**

An einer Wand sind sichtbar für alle die Regeln der Akrobatik angebracht. Die Teilnehmer machen erste akrobatische Erfahrungen mit einem Partner und in der Gruppe. Sie entdecken einige Regeln der Akrobatik oder werden vom Lehrer auf Verhaltensvorschriften hingewiesen.

Beispiel „Akrobatik"

Die Übungen werden mit wechselnden Rollen ausgeführt, sodass die Schüler unterschiedliche Aufgaben der Partner- und Gruppenakrobatik kennen lernen.

Die folgenden Regeln werden nicht theoretisch erarbeitet. Vielmehr lassen die Lehrer Verhaltensregeln für die Akrobatik in den praktischen Bewegungsvollzug mit einfließen:

- Barfuß turnen!
- Verantwortung für den Akrobaten tragen!
- Mit Körperspannung turnen!
- Nah am Körper der Partner turnen. Hier gilt: Die Körperschwerpunkte dicht zueinander bringen!
- Sich vor Einnahme einer Position gruppendynamisch abstimmen!
- Die Lendenwirbelsäule als „Trittfeld" auslassen!
- Bewegungen am Partner nicht korrigieren. Bei Instabilität absteigen und erneut beginnen. Hier gilt: Den ersten Tritt/Griff beibehalten!
- Positionen durch Helfer absichern. Hier gilt: Die Helfer stehen nah bei den Akrobaten!
- Körperbreitenachsen parallel übereinander bringen. Hier gilt: Im Lot sein!
- Einschätzen der eigenen Leistungsfähigkeit!
- Auflösen einer Pyramide geschieht in umgekehrter Reihenfolge wie das Einnehmen einer Pyramide!
- Aus hohen Positionen vom Körper der Partner NIE abspringen. Sich fußwärts zu Boden fallen lassen. Ausholbewegungen zum Sprung belasten den Körper der Partner zu stark!
- Hektik vermeiden!

Übungen in Paaren

- *Aufstand:* Die Paare setzen sich Rücken an Rücken auf den Boden. Durch gegenseitige Gewichtsverlagerung gelangen die Schüler langsam in den Stand.
  Variation: Die Übung mit ein/zwei/drei weiteren Paaren ausführen. Die Partner stehen sich mit Handfassung gegenüber. Sie lehnen sich so weit nach hinten, dass sie ohne die Stütze des Partners umfallen würden.
- *Flieger:* Person A liegt in Rückenlage am Boden mit in die Luft gestreckten Beinen. B greift die Hände von A und legt sich in Bauchlage auf dessen Füße. A balanciert B aus, indem er die Beine senkrecht in Richtung Decke streckt und gleichzeitig den Körper von B zu sich zieht. B nimmt Körperspannung auf.
  Variation: B sitzt auf den Füßen von A.

- A befindet sich im Vierfüßerstand. B sucht nach unterschiedlichen Positionen, die er auf dem Rücken von A ausüben kann (sitzen, liegen, stehen, Schulterstand, Handstand). *Vorsicht:* Der Lehrer gibt vorweg die Anweisung, dass die Lendenwirbelsäule nicht betreten werden darf.
- *Stuhl:* A lehnt mit leicht gebeugten Beinen mit dem Rücken gegen eine Wand. B steht ihm gegenüber. Beide fassen sich einander im Doppelarmgriff. B steigt zuerst mit einem, dann mit dem anderen Bein auf die Oberschenkel von A (nah zur Hüfte). Beide strecken langsam ihre Arme. A versucht sich von der Wand zu entfernen. *Variation:* A sitzt auf einem kleinen Kasten. Durch Gewichtsverlagerung von B nach hinten gelangt A in den Stand.
- Plakat mit weiteren Möglichkeiten der Akrobatik zu zweit auslegen. Übungen nachgestalten.
- *Ein-Bein-Schlange:* Die Schüler stehen im Flankenkreis hintereinander und strecken dem vor ihm stehenden Schüler das rechte Bein entgegen. Dieser greift das Bein mit seiner rechten Hand am Fußgelenk und bringt es etwa auf die Höhe seines Oberschenkels. Die linke Hand liegt auf der linken Schulter des Vordermannes. In einem gemeinsamen Rhythmus hüpfen die Schüler vorwärts oder rückwärts.

Übungen in Kleingruppen – 4–8 Schüler

Beispiel „Akrobatik" 119

- *Raupe:* Die Schüler sitzen in einer Reihe eng hintereinander (Körper an Körper) mit leicht gegrätschten Beinen und haben den rechten Fuß aufgestellt. Die rechte Hand stützt am Boden, der linke Arm ist nach oben gestreckt. In einer Kettenreaktion (vorderster Schüler beginnt) schaukeln die Schüler nacheinander nach rechts und machen dabei 1/2-Drehung um die Körperlängsachse zum Stütz auf den Händen (nur der jetzt Letzte in der Gruppe stützt auf den Händen und den Füßen). Das linke Bein wird nun gespreizt und über den Rücken des hinteren Partners geschwungen, sodass sich beide Beine an der Hüfte des Hinteren einklemmen können. Gemeinsam bewegen sich die Schüler in dieser Raupenposition fort.

- Plakat mit weiteren Möglichkeiten der Akrobatik zu dritt/viert auslegen. Übungen nachgestalten.

Vorbereitung: Vier verschiedene Abbildungen für einen Pyramidenbau kopieren und in so viele Puzzleteile wie Schüler am Unterricht teilnehmen zerschneiden. Die Gruppen finden sich, indem sie die Puzzleteile wieder zu einem Gesamtbild zusammenfügen. Jede Gruppe baut

Gruppenzuweisung und Aufbau

einen Mattenzusammenschluss aus vier Matten auf. Niedersprungmatten eignen sich besonders gut. Auch Judomatten oder Gerätturnmatten können verwendet werden.

Hauptteil: Gestalten!

- Jede Gruppe baut ihre Puzzle-Pyramide nach. Die Schüler wechseln im Uhrzeigersinn von Station zu Station und bilden die verschiedenen Pyramiden nach.
  Weitere Ausführungen werden mit Rollentausch vollzogen. Der Lehrer entscheidet über den Zeitpunkt des Wechsels. Waren die Gruppen an allen vier Stationen, so erhalten sie die Aufgabe, selbstständig eine weitere Pyramide zu entwickeln und diese auf einem Blatt Papier aufzuzeichnen (Strichmännchen!). Die Pyramide wird eingebettet in eine Darbietungsnummer. Dazu überlegen sich die Gruppen, wie sie die Bühne betreten wollen (Einlaufen, als Schlange mit Handfassung, mit turnerischen Bewegungsverbindungen etc.). Der Pyramidenabbau und die Verbeugung muss trainiert werden. Anschließend geben sich die Gruppen einen „Künstlernamen".

Aufführung

- Die Schüler setzen sich als Publikum im Halbkreis vor eines der Mattenarrangements (Manege). Ein Schüler, der nicht am Sportunterricht teilnehmen kann, wurde zuvor davon in Kenntnis gesetzt, dass er Zirkusdirektor sein darf. Er moderiert die Show. Im Hintergrund läuft Zirkusmusik. Abwechselnd ruft der Zirkusdirektor die Künstlergruppen auf und hält die eigens entwickelte Pyramide hoch. Die aufgerufene Künstlergruppe findet sich auf dem Mattenarrangement zusammen (Aufbau – Pyramide – Abbau – Verbeugung) und gestaltet ihre Pyramide nach.
Die Positionen werden fotografiert. Die Bilder können in der Turnhalle oder im Klassenzimmer aufgehängt werden.

3.9 Bauen und Üben am Beispiel „Minitrampolin"

3.9.1 Thematik

In der Freizeit der Kinder und Jugendlichen, die größtenteils institutionalisiert und überwiegend drinnen stattfindet, mangelt es an vielfältigen Bewegungsmöglichkeiten und unmittelbaren Erfahrungen durch den Umgang mit Dingen und der Umwelt. Die Lebenswelt der Heranwachsenden ist für ein *„Learning by doing"* und die daraus resultierenden Erlebnisse enger geworden. Mittlerweile sind in jeder Klasse Schüler anzufinden, die auf Grund des Mangels an eigenständigen Handlungsfeldern, oder sonstigen Einschränkungen, bewegungsunsicher sind. Die weit reichende Bedeutung von selbst inszeniertem Bewegen wird in dieser Unterrichtseinheit zum Thema.

Zwei Themenschwerpunkte ziehen sich durch die Unterrichtseinheit: Bauen als pädagogische Maßnahme und „Springen am Minitrampolin" als Fertigkeitserwerb.

Das selbstständige Bauen von Gerätearrangements kann als Gegenpol zur starren „Innenarchitektur" einer klassischen Gerätewelt im Gerätturnen betrachtet werden. Zwar stehen in jeder Schule genügend Materialien zum flexiblen Gestalten von Gerätelandschaften zur Verfügung, genutzt werden diese Geräte aber zumeist nur als herkömmliches Mobiliar für ein Bewegen im klassischen Sinne. Der „mobile Geräteraum" bietet eine Chance, Schülern mehr Handlungsspielraum zu eröffnen. Zum einen inszenieren die Schüler ihren Unterricht selbst. Bereits durch den Entwurf, durch das Zusammensetzen einzelner Groß- und Kleingeräte und Materialien, machen sich die Schüler mit der Organisation von Turnunterricht vertraut. Sie bauen auf, sorgen für abgesicherte Geräteverbindungen und antizipieren gleichzeitig, wie sie sich an einem so gebauten Gerät bewegen können. Wer über einen Vorausblick verfügt, gestaltet bereits mit dem Aufbau die Bewegungsmöglichkeiten mit. Dazu werden traditionelle Turngeräte in einen ungewohnten baulichen Zusammenhang gebracht. Das Bereitstellen von Geräten, beispielsweise eines Barrens mit nur einem Holm, eines schräg gestellten Schwebebalkens oder eines großen Kastens ohne Oberteil, erinnert trotz „Umbau" dennoch an Turnen. Die Architektur entscheidet darüber, ob beim Explorieren an den Geräten die erhofften Turnbewegungen gezeigt werden. Wer sich an sein Geräte-Konstrukt begibt, um sich an ihm zu bewegen, muss den Anforderungen gewachsen sein, die ihm sein Eigenbau vorgibt. So werden die Schüler ihre Erfahrungen aus dem Turnunterricht zu Hilfe nehmen und stereotype Bewegungen ausprobieren. Dazu sind einerseits technische Voraussetzungen notwendig, um den gekonnten Hüftaufschwung nun an einer schräg gestellten Reckstange oder an einem Schwebebalken auszuprobieren. Andererseits verlangt dieses Verfahren Kreativität, weil die Schüler Prozesse erst einmal initiieren müssen. Öfter wird es vorkommen, dass rückwirkend erst durch die neu erfundene Bewegung die Erfolge oder Misserfolge des Bauens sichtbar werden. Der Lehrer muss den Schülern genügend Zeit zum Konstruieren und körperlichen Experimentieren einräumen. So kann beim Schüler das Gefühl entstehen, dass er seine persönliche Bewegungsumwelt geschaffen hat, in der er seinen Interessen und Bedürfnissen nach Turnen folgen darf.

Einstellungen im Barren-Modell

Entsprechend der im Barren-Modell geforderten Mehrperspektivität im Turnunterricht ist die Unterrichtseinheit so konstruiert, dass sich Phasen des Übens von Bewegungsfertigkeiten (am Minitrampolin ausgeführt) mit kreativen Phasen abwechseln. Die Barrenholme im Modell müssen ständig den verschiedenen Anforderungen an das Turnen angepasst werden. Ist während der Phase der kreativen Konstruktion und Exploration der Barrenholm A möglichst weit oben (Freies Turnen) eingestellt, so muss er während der Phase des Übens verschiedener Techniken am Minitrampolin symbolisch heruntergelassen (Gerätturnen) werden. Diese Handhabung gilt für alle modellhaften Barren-Holme.

Klassenstufe 7–10   Am Minitrampolin turnen Schüler in traditioneller Manier gerne. Nach deprimierenden Erfahrungen, beispielsweise mit dem Riegenturnen am Reck, bringt das Springen am Minitrampolin immer wieder „Schwung" in den Turnunterricht. Die Katapultwirkung des Sprungtuchs bewirkt, dass die Schüler länger als gewohnt in der Luft bleiben, was in ihnen den Traum vom Fliegen aktivieren mag. Erfahrungen am Minitrampolin sind in einem motorischen und psychischen Sinn auf abschätzbare Risiken reduziert. Das „Fliegen" bereitet hier zwar Erlebnisse, soll jedoch nicht zu dramatischen Bewährungsproben anregen. Trotz der Überschaubarkeit der Gefahren besteht die Möglichkeit, dass die Schüler die Diskrepanz zwischen ihrem Bewegungskönnen und dem Aktivierungsgrad des Gerätes nicht einschätzen können. Ein Turnanfänger kann sich in der Länge des Flugweges täuschen. Die Bewegungssicherheit während des Fluges ist von Kompetenzen wie erhöhter Konzentration, dosiertem Krafteinsatz und genügend Körperspannung sowie Körperbeherrschung abhängig. Die folgende Unterrichtseinheit geht davon aus, dass Schüler bereits Kompetenzen für das Springen am Minitrampolin erworben haben. Erlernte Bewegungsfertigkeiten werden geübt.

Dem Üben kommt im Sportunterricht nach wie vor eine sehr geringe Aufmerksamkeit zu. Auf Grund der Stofffülle sind Lehrer immer bemüht, möglichst schnell von der einen zur nächsten Sportart und dort ebenso zügig von der einen zur nächsten Technik zu gelangen. Dass einmal erlernte Bewegungsfertigkeiten nicht auf Dauer gekonnt sind, sondern ständig geübt werden müssen, damit sich Automatisierungsprozesse einstellen können, wird im Sportunterricht allzu oft vernachlässigt. Auch in den methodischen Vorgehensweisen zeigt sich hier eine Zweiteilung. Auf der einen Seite steht das Erkunden an einer selbst initiierten Bewegungsumwelt, auf der anderen Seite das Üben von Sprüngen am Minitrampolin.

3.9.2 Intention

Lerngelegenheiten   Diese Unterrichtseinheit bietet den Schülern Teilhabemöglichkeiten an der Planung und Durchführung des Unterrichts. Die willkürliche Auswahl für die „Selbstbauten" aus allen zur Verfügung stehenden Geräten in der Turnhalle würde den organisatorischen Rahmen einer Unterrichtseinheit sprengen und könnte zudem der Zentrierung auf das Turnen entgegenwirken. Der Lehrer wählt deshalb diejenigen Klein- und Großgeräte aus, die für das Bauen zur Verfügung stehen, indem er Geräte bereitstellt oder markiert. Es ist darauf zu achten, dass die Schüler nicht allzu schnell in stereotype Gerätearrangements verfallen, an denen sie doch wieder nur formgebunden arbeiten. Ein schräg gestellter Schwebebalken oder ein Pfeiler mit zwei Reckstangen geben den Schülern erst gar nicht die Möglichkeit zum normierten Turnen. Beim Aufbau der Stationen sowie beim Bewegen an diesen müssen die Schüler spezifische Sicherheitsbedingungen beachten.

In der Unterrichtseinheit wird davon ausgegangen, dass die Schüler bereits geschickt mit dem Auf-, Um- und Abbau von Geräten umgehen können. Das verlangt kooperatives Verhalten. An den Selbstbauten schulen die Schüler ihre Bewegungskreativität.

Am Minitrampolin üben die Schüler das Üben. Sie verbessern ihre Bewegungsfertigkeiten. Abgesehen von didaktischen Ansprüchen für ein Turnen in der Schule hat ein Wechsel zwischen verschiedenen Zieldimensionen innerhalb einer Unterrichtseinheit eine rein physiologische Bedeutung. Das ständige Springen am Minitrampolin würde die Sprungmuskulatur zu stark belasten. Je nach ausgewählten Geräten und Bewegungsfertigkeiten, ist dieser Unterricht von Klasse 7 bis Klasse 10 durchführbar. **Klassenstufe 7 bis 10**

3.9.3 Organisation

Die allgemeine *Erwärmung* nimmt bereits auf ein vielfältiges Springen Bezug.
Im *Dehnprogramm* wird der Sprungmuskulatur besondere Beachtung geschenkt.
In zwei *Gruppen* wird anschließend eine unterschiedliche Eigenkonstruktion aus bereitgelegten Großgeräten, Kleingeräten und sonstigen Materialien geschaffen.
Weiter bauen die beiden Gruppen anhand eines *Aufbauplans* noch jeweils eine unterschiedliche Minitrampolinstation auf.
Die Schüler explorieren an den „Selbstbauten" und legen sich auf zwei Bewegungsausführungen fest. Die beiden gefundenen Bewegungsformen werden der jeweils anderen Gruppe vorgeführt.
Nachfolgend üben die Schüler unter Anleitung des Lehrers an den beiden *Minitrampolinstationen*. Der Lehrer legt schließlich zwei Bewegungsformen pro Minitrampolinstation fest.
Zum Abschluss der Einheit wird ein *Wettbewerb* veranlasst. Hier haben die Schüler die Möglichkeit, die gefundenen Resultate sowie erworbenen Fertigkeiten anzuwenden.

3.9.4 Realisierung
Kreislauf
Die Schüler laufen in Kreisformation hintereinander. Damit der Lehrer von den Schülern gesehen werden kann, läuft dieser im Kreisinneren in entgegen gesetzter Richtung. Er macht folgende Übungen vor: vor- **Erwärmung**

wärts laufen, rückwärts laufen, seitwärts laufen, Anfersen, Kniehebelauf, Seitgalopp, Hasenhüpfer, Strecksprung alle 8 Schritte, Hopserlauf etc. Die Schüler imitieren die Bewegungen.

Dehnen Die Schüler behalten die Formation Innenstirnkreis bei. Der Lehrer steht im Kreisinnern und demonstriert eine funktionelle Dehnübung. Die Schüler imitieren diese Bewegung. Anschließend reiht sich der Lehrer in den Kreis der Schüler mit ein. Ein freiwilliger Schüler begibt sich in das Kreisinnere und demonstriert eine weitere Dehnübung, die von den restlichen Teilnehmern nachvollzogen wird. Nach mehrfachem Wechsel begibt sich der Lehrer erneut in das Kreisinnere. Er gibt weitere Dehnübungen vor, damit die für den Stundeninhalt zu erwärmende Sprungmuskulatur (Fußmuskeln, Wadenmuskulatur und die Muskulatur der Oberschenkelvorderseite, Oberschenkelrückseite und Oberschenkelinnenseite) ausgiebig berücksichtigt wird.

Einteilung in zwei Gruppen

Gruppeneinteilung Gruppe A ergibt sich aus den Schülern, die in den Monaten Januar bis Juni Geburtstag haben, Gruppe B enthält alle Schüler, die in den Monaten Juli bis Dezember Geburtstag haben. Die Gruppen erhalten einen Aufbauplan für je eine Minitrampolinstation (Stationen 1 und 2) und bauen die Geräte auf. Dazu sind vom Lehrer Orientierungskegel so aufgestellt worden, dass die vier Stationen nebeneinander mit ausreichend Platz zueinander gereiht werden können.

Aufbau Die Gruppen bauen je eine Phantasiestation (Stationen 3 und 4) aus den vom Lehrer vor der Unterrichtseinheit ausgewählten Geräten und Materialien und eine Minitrampolinstation (Station 1 und 2) auf.

Gruppe A
Minitrampolin-Station 1:
Langbank – Minitrampolin – Weichbodenmatte – Gerätturnmatte.

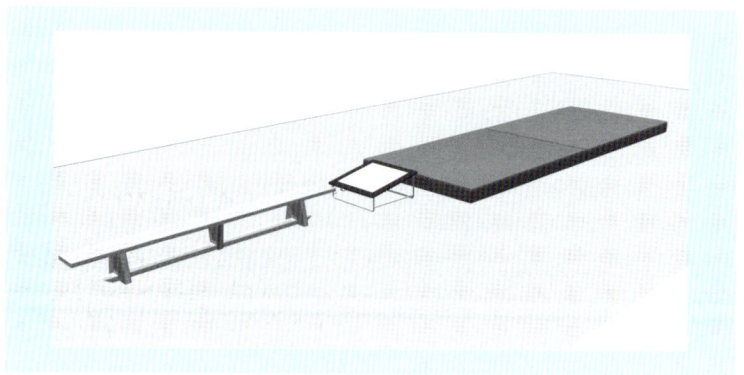

Gruppe B
Minitrampolin-Station 2:
Minitrampolin – Großer Kasten (4-teilig) mit Weichbodenmatte überzogen und mit Seilen festgezurrt – Weichbodenmatte – Gerätturnmatte. Für die Sicherheit der Schüler werden die Minitrampoline bis zu ihrer Benutzung mit dem Sprungtuch nach unten auf den Boden gelegt.

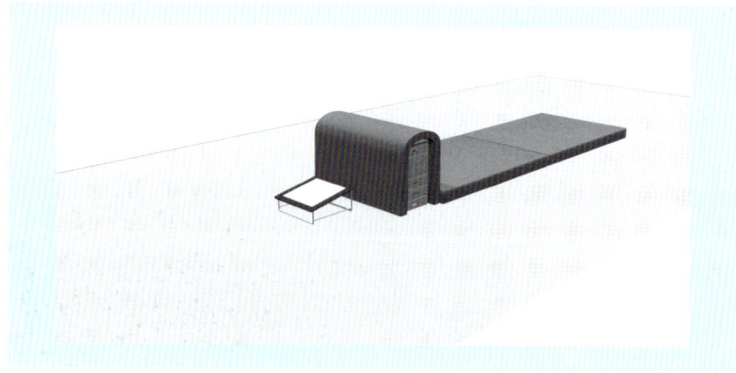

Bauen und Experimentieren

Beispiele für Geräte, aus denen *Gruppe A und B* eine Gerätestation an den Stationen 3 und 4 erfinden können: Schwebebalken schräg gestellt, 2 Reckstangen, ein Reckpfeiler, 2 große Kästen, großer Kasten ohne Kastendeckel, Langbank, Gitterleiter, Sprungbrett, Rollbrett, Gymnastikball und Softball.

Die konstruierten Gerätearrangements werden mit Matten abgesichert, der Lehrer überprüft die Sicherheit der Konstruktionen.

Nach einer Phase der Exploration an den Selbstbauten wählen die Schüler gemeinsam zwei geeignete Bewegungsaufgaben aus. Sie stellen diese der jeweils anderen Gruppe vor.

Springen am Minitrampolin
Geübt werden folgende Bewegungsfertigkeiten:

Minitrampolin-Station 1
- Anlaufen auf der Bank, Absprung beidbeinig, Strecksprung mit Landung auf der Weichbodenmatte.
- Siehe oben mit Varianten im Flug: Hocksprung, Grätschsprung, Grätschwinkelsprung, Bücksprung, Phantasiesprung, Sprünge mit 1/2- oder 1/1-Drehung um die Körperlängsachse.
- Festlegen auf zwei Sprünge.

Minitrampolin-Station 2
- Überwinden des Hindernisses durch Überhocken, Überrollen, Aufspringen, Überspringen, Überspringen mit gestreckten Beinen, Überradeln.
- Festlegung auf zwei verschiedene Sprünge.

Durch das Festlegen auf zwei verschiedene Bewegungsformen pro Gerät wissen die Schüler, dass sie sich jetzt nur noch nach Bewegungsvorschriften bewegen dürfen. Die Schüler bleiben in ihren Gruppen. Jede Gruppe erhält einen Karton mit Puzzleteilen. Auf ein Startsignal hin beginnen die Schüler an einem Gerät ihrer Wahl (Rückstau vermeiden), eine der genormten Bewegungen auszuführen. Bei erfolgreicher Bewältigung *aller* festgelegten Aufgaben (je zwei Sprünge an den beiden Minitrampolinstationen und je zwei Durchgänge an den beiden Selbstbauten), nehmen sie sich ein Puzzleteil aus dem Karton und legen es an einen von der Gruppe zuvor festgelegten Ort ab (Gymnastikreifen auslegen). **Puzzle-Wettbewerb**

Die Gruppe, die als erste alle Puzzleteile zu einem Gesamtbild zusammengefügt hat, ist die Siegermannschaft.

Der Lehrer steht zur Sicherheit an der Minitrampolin-Station 2 und gibt Hilfestellungen.

Die Schüler bauen genau diejenigen Geräte wieder ab, die sie zu Beginn der Übungseinheit aufgebaut haben. **Abbau**

3.10 Gestalten am Beispiel „Gruppenturnen"

Turnen als Mannschaftsdisziplin

3.10.1 Thematik

In dieser Unterrichtseinheit wird Turnen erneut als Mannschaftssportart verstanden. Während sich die Akrobatik den zusätzlichen Reiz einer anders gearteten Bewegungskultur verschafft, wird im Folgenden das Bewegungsmaterial des klassischen Gerätturnens von den Schülern in gemeinschaftlichen Aktionen geübt und demonstriert. Bodenturnen in Verbindung mit Turnen am Trapez soll zum Gruppenerlebnis werden. Die Qualität einer Darbietung wird dadurch erhöht, dass mehrere Personen daran beteiligt sind.

Gruppenturnen ist in den Vorstellungen der Schüler von einem Schulturnen keineswegs durchgängig präsent. Vielmehr sehen diese im Turnen ein anstrengendes Ärgernis, das auf Grund seiner hohen motorischen Anforderungen nur den Begabten vorbehalten ist. Zudem empfinden es viele Jungen und Mädchen als Zumutung, wenn sie in ihrem Turnen von Bewegungsverbindungen gleichsam vorgeführt werden. Deshalb sind Aufgaben, die Demonstrationen von Turnübungen zum Ziel haben, so zu formulieren, dass das Interesse der Schüler an der Darstellung geweckt und die Angst vor der Blamage genommen wird. Damit eröffnet sich unter integrativem Verständnis die Chance, Turnen unter den Aspekten Kooperation und Teamwirkung zu erleben. Turnen im Team bedeutet, dass sowohl turnspezifische Bewegungsfertigkeiten zur Anwendung gebracht werden als auch kreatives Handeln gefördert wird.

Die gemeinschaftliche Darstellung bewirkt, dass sich die Schüler in ihrer Demonstration nicht allein gelassen fühlen. Gleichzeitig sind sie dem Gruppenzwang verpflichtet und haben so keine Gelegenheit, sich über Motive des Bewegens Gedanken zu machen. Vielleicht werden sie vom Bewegungseifer der anderen Gruppenmitglieder mitgerissen, sodass hier Einsichten gegen das in die Kritik geratene Turnen als Individualsportart gefördert werden können.

Ein solcher Turnunterricht setzt voraus, dass sich Lehrer und Schüler auf einen kreativen Umgang mit Bewegungsfertigkeiten im Turnen einlassen. Dazu müssen die Schüler über ein gewisses Bewegungsrepertoire verfügen, mit dem in einen kreativen Prozess eingestiegen werden kann. Sie können nur dann selbstständig eine Gruppenübung gestalten, wenn ihnen die dazu nötigen Handlungsmuster zur Verfügung stehen. Für die beschriebene Einheit bedeutet dies, dass die Schüler ein Grundrepertoire an Bewegungsfertigkeiten beim Turnen am Boden und am Trapez beherrschen müssen. Das Turnen von Bewegungsverbindungen ist den Schülern außerdem bekannt.

Kooperatives Gruppenturnen verbindet formale Kriterien des Gerätturnens mit kreativen Prozessen, sodass wiederum die modellhaften Barrenpfeiler immer wieder bewegt werden. Der Lehrer muss auf das Fertigkeitsniveau der gesamten Klasse zurückgreifen. Dieses ist von Klasse zu Klasse und von Altersstufe zu Altersstufe unterschiedlich.

Die Barrenpfeiler sind symbolisch so einzustellen, dass der Lehrer solange nach den klassischen Regeln des Frontalunterrichts arbeitet, bis die Schüler die Bewegungsgestaltung nachvollziehen und ergänzen können. Da beim miteinander Turnen kreative Potenziale gerade hervorgelockt werden, müssen die Schüler die Phase der Anleitung möglichst schnell verlassen. Kenntnisse hinsichtlich des Übungsaufbaus, verschiedener räumlicher Orientierungen oder der Bewegungsanpassung an Partner sind erforderlich, damit eine abwechslungsreiche, kreative und virtuose Gruppenkür entstehen kann. **Einstellungen nach dem Barren-Modell**

3.10.2 Intention

Lerngelegenheiten Für diese Unterrichtseinheit müssen die Schüler über Voraussetzungen zum Turnen in Bewegungsverbindungen am Boden verfügen:
- Handstand, Rolle vorwärts, Rolle rückwärts, Sprungrolle, Handstandabrollen, Kerze, Standwaage, Sprünge und akrobatische Elemente wie Flieger, Stuhl oder Pyramiden.
- Am Trapez haben die Schüler bewegungstechnische Erfahrungen mit Tippschwingen, Sturzhang, Schaukeln im Sitzen und Stehen, Kniehang (freihändig) und Abgängen vom Gerät machen können.

Klassenstufe 8–10 Da einige körperliche Voraussetzungen erforderlich sind, eignet sich dieser Sportunterricht ab der Klassenstufe 8.

Die Schüler lernen Möglichkeiten kennen, wie Turnbewegungen in Abstimmung mit anderen Gruppenmitgliedern räumlich, zeitlich und dynamisch variiert werden können. Sie wenden im Turnen mit, an, über oder unter einem oder mehreren Partnern und im Turnen auf, an und weg von dem schwingenden Trapez fundamentale Kenntnisse und Qualifikationen im Gruppenturnen an.

Miteinander Turnen bedeutet gleichzeitig auch miteinander Erleben und Darstellen. Es muss nicht von einem homogenen Fertigkeitsniveau ausgegangen werden. Es ist an diesen Turngeräten gut möglich, unterschiedlichen Leistungsvoraussetzungen gerecht zu werden. Erst das gegenseitige Herausfordern und Motivieren und das Einbringen unterschiedlichster Talente macht den Gestaltungsprozess vielseitig und spannend. Ziel der Unterrichtseinheit ist die Darstellung einer gemeinsam erarbeiteten Bewegungskomposition nach Musik. Die Musik dient der Bewegungsbegleitung und Motivation. Es ist eine neutrale Musik zu wählen, die zwar das Tempo der Bewegung vorgibt, sich ansonsten aber jeder extremen Dynamik mit Betonung und thematischer Orientierung enthält. Der gemeinsame Rhythmus verhilft, dass die Schüler ihre Bewegungen besser aneinander anpassen können.

3.10.3 Organisation

Zu Beginn der Unterrichtseinheit wird der *Aufbau* in zwei Gruppen organisiert und bewältigt.

Die *Erwärmung* geschieht in Anpassung an die Geräte und zur Gewöhnung an die Grundtätigkeiten rollen, schaukeln, schwingen und hängen. Grundkenntnisse über das Kombinieren von Bewegungsfertigkeiten werden durch eine Improvisationsaufgabe wiederholt.

Die Schüler *dehnen* ihre Muskulatur in Anpassung an einen Partner, sodass sie sich an kooperative Prozesse gewöhnen.

Im *Hauptteil* vollziehen die Schüler zuerst die turnerischen Lösungsmöglichkeiten nach, die der Lehrer vorgibt.

Haben die Schüler die Prinzipien des Gruppenturnens verstanden, komplettieren sie die Bewegungsabfolge mit eigenen Ideen und bringen die *Gestaltung* zu einem Abschluss. Um das kreative Miteinander zu erleichtern, formuliert der Lehrer dafür *Problemlöseaufgaben*.

3.10.4 Realisierung
Für 24 Schüler: Die Schüler formieren sich zu einem Innenstirnkreis. Sie zählen abwechselnd im Uhrzeigersinn bis auf 2 (1-2, 1-2 etc.). Die Schüler merken sich ihre Zahl und finden sich in ihren Gruppen zusammen.

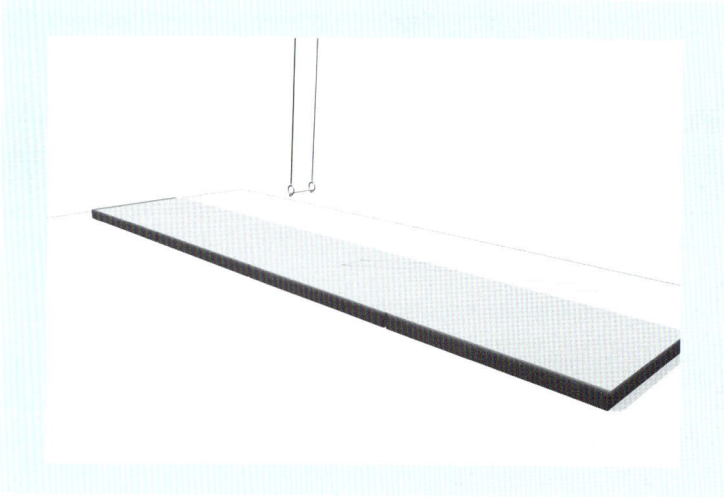

Aufbau der Trapeze

Gruppe 1 und *Gruppe 2* bauen je ein Gerätearrangement auf: ein Schwungringepaar zu einem Trapez umfunktioniert (Trapezstange). Darunter je vier Weichbodenmatten auslegen. Weichbodenmatten mit einem Bodenläufer überziehen.

Die Schüler laufen kreuz und quer durch die Halle. Sporadisch hält der Lehrer Kärtchen hoch. Auf diesen Kärtchen stehen Grundtätigkeiten, **Erwärmung** die für die Bewegungskombination an diesem Arrangement vorausgesetzt werden: *Rollen, Drehen, Schwingen, Schaukeln, Hängen, Kopf unten - Füße oben, Hochklettern, Schweben, Fliegen.*

An allen in der Halle auffindbaren Geräten (Trapeze, Sprossenwände, Kletterwände, Hallenboden, Stangen und Taue) suchen die Schüler nach vielfältigen Bewegungsausführungen zu der vorgegebenen Grundtätigkeit.

Kombinieren von Bewegungsfertigkeiten

Die zwölf Mitglieder der beiden eingeteilten *Gruppen* formieren sich je zu einem Innenstirnkreis.

Sie haben die Aufgabe spontane Turnfertigkeiten, die auf dem Hallenboden ausgeführt werden können, miteinander zu *kombinieren* (Handstand, Rolle vorwärts, Rolle rückwärts, Sprungrolle, Handstandabrollen, Kerze, Standwaage oder Sprünge).

Dazu nennen sie vorweg ihren Namen und führen den anderen Gruppenmitgliedern ihre Lieblingsfertigkeit im Turnen vor.

Etwa: Ich heiße Luise und ich mache im Turnen am liebsten einen Zappelhandstand. Alle turnen anschließend gemeinsam den Zappelhandstand nach.

Der nächste Schüler sagt seinen Namen und macht eine zweite Turnfertigkeit vor: Ich heiße Tobias und ich turne am liebsten eine Kerze. Alle turnen die Kerze nach. Nun werden die beiden Turnfertigkeiten synchron aneinandergehängt. Um den jeweiligen Bewegungsbeginn zu erleichtern, unterstützen alle Schüler den Bewegungsrhythmus indem sie als Auftakt zur Bewegungsfertigkeit die Namen der entsprechenden Schüler laut aufsagen:
Luise – alle turnen einen Zappelhandstand, Tobias – alle schließen die Kerze an.

Der Lehrer erinnert daran, dass der Ausklang der ersten Bewegungsfertigkeit gleichzeitig der Auftakt für die zweite Bewegungsfertigkeit darstellt, sodass es zu einem Phasen verschmelzenden Übergang kommt. Dieser bruchlose Übergang ist das Hauptkriterium für die Bewegungskombination.

Ein dritter, vierter, etc. Schüler nennt seinen Namen und demonstriert seine Lieblingsturnbewegung: Ich heiße Lilli und ich turne am liebsten eine Standwaage. Alle führen eine Standwaage aus.

Bewegungsverbindung: Luise – Zappelhandstand, Tobias – Kerze, Lilli – Standwaage, etc.

Dehnen mit Partner

Jedes Mitglied einer *Gruppe* überlegt sich eine Dehnübung, die nur mit einem Partner ausgeführt werden kann. Es macht die Übung mit dem benachbarten Partner vor. Die anderen machen die Übung mit benachbarten Partnern nach.

Die *Gruppen* finden sich an ihrem zuvor aufgebauten Gerätearrangement ein (12 Schüler pro Gruppe).

Ausgangspositionen
Jeweils vier Schüler pro Bodenläufer bilden die Gruppe A = zwei Mitglieder stehen nebeneinander an dem einen Ende des Bodenläufers, zwei weitere stehen ihnen am anderen Ende so gegenüber, dass sie sich ansehen können. Die Arme sind nach oben gestreckt.

Gruppe B = zwei Schüler stehen unterhalb des Trapezes mit dem Rücken zueinander gerichtet, so dass sie in entgegengesetzte Richtung turnen können. Die Arme sind nach oben gestreckt.

Gruppe C = ein Schüler sitzt, ein Schüler steht im Grätschstand auf dem Trapez.

Gruppe D = je zwei Schüler befinden sich im Hockstand vor dem einen Ende des Bodenläufers, die anderen beiden vor dem anderen Bodenläuferende.

Bei den folgenden Anleitungen ist zu beachten, dass die Schüler die Bewegung immer in Anpassung an die Partner ausführen. Dazu müssen die Abfolgen erst mehrmals ohne Musik und mit verbaler Bewegungsbegleitung durch den Lehrer durchgeführt werden. Es wird angestrebt, dass immer mehr Gruppenmitglieder an der Bewegung beteiligt werden.

Die Turner erlernen folgenden Bewegungsablauf: **Lehrervorgaben**
- A: Rolle vorwärts – Strecksprung mit 1/2-Drehung, abrollen rückwärts in die Kerze. B umfasst je das innere Sprunggelenk von den beiden A, während die beiden A an B mit ihrer inneren Hand je ein Bein am Sprunggelenk von B umfassen – Rolle zu dritt in Richtung Mattenende (erst B, dann die A´s). B richtet sich aus der Rückenlage mit einer 1/2-Drehung in den gebückten Stand auf, Hände stützen auf den Oberschenkeln ab. A: Rolle rückwärts zum Aufrichten in den Stand – Strecksprung mit 1/2-Drehung.

- A: Die vier Personen der Gruppe A laufen in der Mitte zusammen, halten sich in einem Innenstirnkreis an den Händen und führen gemeinsam eine Standwaage aus.

- Die beiden C beginnen gleichzeitig mit Schaukelbewegungen: Kanon: Der Turner im Sitz begibt sich in den Kniehang und über

Beispiel „Gruppenturnen" 139

den Kniehang in den Hang und über den Hang zum Absprung in den Stand am Boden. Zeitversetzt begibt sich der Turner im Stand in den Sitz, in den Kniehang etc.
- D: Zappelhandstand vor dem Mattenarrangement, Aufrichten in den Stand, nacheinander Bocksprung über B, prellender Absprung, Sprungrolle.
- A: die zwei A's laufen zum Bodenläuferende und führen nacheinander einen Bocksprung über B aus.
- D und C: bauen eine akrobatische Pyramide und schließen das Trapez mit ein (6er-Pyramide).

- A und B: bauen an den Enden der Bodenläufer gleichzeitig eine akrobatische Pyramide (je eine 3er-Pyramide).
- Alle Gruppenmitglieder bilden anschließend eine Gasse zwischen der das Trapez schwingen kann.
- C: hängen sich nebeneinander ans Trapez. Tippschwingen synchron: vor, rück, vor, rück mit gemeinsamem Abspringen.
- B: ein B läuft in den Rhythmus des schwingenden Trapezes: Tippschwingen vor, rück, springt ab. B läuft in den Rhythmus des schwingenden Trapezes: Tippschwingen vor, rück, springt ab.

Die Schüler üben die Bewegungsverbindung solange, bis diese synchron ausgeführt wird. Anschließend führen sie die Bewegungsfolge mehrmals auf Musik aus.

Um den Übergang zum selbstständigen Gestalten zu erleichtern, gibt der Lehrer Beispiele für verschiedene Darbietungsformen. Folgende Vorschläge für Bewegungsfolgen lässt der Lehrer von einzelnen Schülern demonstrieren:

- Ein A ist in Kauerstellung, B, C und D „überradeln" A mit Stütz auf den Unterarmen.
- Ein A befindet sich im Vierfüßerstand unter dem Trapez, B/C oder D greift das Trapez, steigt mit einem Fuß auf A und führt mit Abdruck von A einen Hüftaufschwung am Trapez aus.
- A und B laufen gemeinsam an und bringen das Trapez zum Schwingen. Sie laufen weiter bis zum Bodenläuferende, drehen sich um, A steigt auf die Schultern von B auf, A schwingt mit dem Trapez von den Schultern von B ab.

Anregungen des Lehrers

Die Schüler erhalten die Aufgabe, die Gruppenkür eigenständig zu komplettieren. Dazu stellt der Lehrer folgende Bedingungen:
- Alle müssen am Trapez turnen.
- Alle sind gleichzeitig in Bewegung.
- Einige verharren in einer Turnposition, während andere dynamisch turnen.
- C turnt ein Solo am Boden, während die Anderen in einer Position verharren.

Beispiel „Gruppenturnen" 141

- B, C und D turnen gleichzeitig ein Solo, während A am Trapez schwingt.
- Schlussbild = Gruppenbild (Pyramide).

Aufführung

Die einzelnen Gruppen tauchen in einen Arbeitsprozess ein.
Der Lehrer agiert als Impulsgeber, Motivator, Helfer, Ideengeber, Beobachter, Zusprecher und Korrektor.
Die gefundenen Bewegungsfolgen werden an den oben aufgeführten Einstieg angehängt. Die Schüler üben die gesamte Bewegungsverbindung zuerst ohne und anschließend mit Musik.
Zum Abschluss der Unterrichtseinheit führt jede Gruppe der jeweils anderen Gruppe die Gestaltung vor.

Ausblick

Turnen in der Schule ist eingehüllt in *komplexe Beziehungen*, die nicht vollständig durch dieses Buch zusammen geführt werden können. Mal ist die dahinter steckende Didaktik, mal die Sache und mal die Vermittlung verantwortlich für ein Gelingen oder Misslingen von Schulturnen in der Sekundarstufe I.

Die hier angestrebten *Praxisbeispiele* tragen mit dazu bei, Probleme im Turnunterricht zu vermeiden. Chancen ergeben sich für das Schulturnen, wenn es aus einer mehrperspektivischen Sicht betrachtet wird. Dabei geht es nicht so sehr um neue Inhalte im Schulturnen.

Über eine Verlagerung von Akzenten und Verschiebung von Schwerpunkten ist zu einer Auswahl von turnerischen Inhalten zu gelangen.

Folglich scheint es nicht mehr nur die Individualsportart Gerätturnen zu sein, die als grobe Richtlinie für Schulturnen angegeben werden kann. Es fällt den Schülern und manchen Lehrern schwer, Turnen allein anhand exemplarischer Bewegungstechniken des klassischen Gerätturnens zu begreifen. Kleine und große Spiele, Formen von Kämpfen, bei denen die Schüler gemeinsam für oder gegen etwas eintreten, die Einladung zum Abenteuer und das gemeinschaftliche Präsentieren sind Ausdrucksmöglichkeiten, die ein freudvolles Erleben im Turnunterricht möglich machen.

Literaturverzeichnis

Balz, E. & Schierz, M. (1998). Unterrichtszeit im Schulsport. *Sportpädagogik, 22* (1), 21–29.

Hafner, S. (2002). *Schulturnen in der Krise. Problemanalyse – Konsequenzen und Perspektiven für eine veränderte Unterrichtspraxis.* Heidelberg: Bayer.

Knirsch, K. (1991a). *Fundamentum des Gerätturnens.* Kirchentellinsfurt: Barbara Knirsch.

Knirsch, K. (1991b). *Lehrbuch des Gerät- und Kunstturnens.* Kirchentellinsfurt: Barbara Knirsch.

Knirsch, K. (1992). *Gerätturnen mit Kindern* (7. Aufl.). Kirchentellinsfurt: Barbara Knirsch.

Leirich, J., Bernstein, H-G. & Gwizdek, I. (2007). *Turnen an Geräten. Theorie – Alternatives Turnen – Boden und Sprung.* Praxisideen. Schriftenreihe für Bewegung, Spiel und Sport. Bd. 29. Schorndorf: Hofmann.

Nolte, G. (1980). *Gerätturnen: Handbuch der Grundfertigkeiten. Eine methodische Unterrichtshilfe für den Sportlehrer, Übungsleiter und Trainer.* Kassel: Limpert.

Roth, K. (2007). Wie lernt man schwierige geschlossene Fertigkeiten? In Bielefelder Sportpädagogen, *Methoden im Sportunterricht* (S.27-47). Beiträge zur Lehre und Forschung im Sport. Bd. 96. (5. Auflg.). Schorndorf: Hofmann.

Volkamer, M. (1988). Das Problem der „Verpädagogisierung" von Sport und Sportunterricht. In C. Czwalina (Hrsg.), *Methodisches Handeln im Sportunterricht* (S. 117–124). Schriftenreihe zur Praxis der Leibeserziehung und des Sports. Bd. 200. Schorndorf: Hofmann.

Zimmermann, K., Schnabel, G. & Blume, D.-D. (2002). Koordinative Fähigkeiten. In G. Ludwig & B. Ludwig (Hrsg.), *Koordinative Fähigkeiten – koordinative Kompetenz* (S. 25–33). Psychomotorik in Forschung und Praxis. Bd. 35. Kassel: Universitäts-Bibliothek.

Danksagung

Ein Buch über die Fachpraxis im Sportunterricht entsteht nicht am Schreibtisch. Ich danke allen Schülerinnen und Schülern, mit denen ich an zahlreichen Schulen in Baden-Württemberg meine Unterrichtsversuche durchführen durfte. Die im Buch beschriebenen Unterrichtseinheiten sind das Resultat aus den unzähligen Arbeitsstunden und gemeinsamen Erlebnissen in der Praxis.

Stellvertretend für alle Turntalente danke ich den „Models" von der Turn-AG des Kurfürst-Friedrich-Gymnasiums in Heidelberg unter der Leitung von Lehrerin Astrid Fleischmann.

Den Studierenden aus meinem Turnkurs im Wintersemester 2007/2008 an der Pädagogischen Hochschule in Heidelberg danke ich für ihr handwerkliches Geschick beim Auf-, Um- und Abbau der Geräte für die Fotoaufnahmen.

Herrn Prof. Dr. Roth danke ich für sein Vertrauen in meine Arbeit und die kompetente Beratung.

Ein besonderer Dank gebührt den Fotografen Gerhard Schmitt und Linh Thai.